Architekturführer

Venedig

Guido Zucconi

Architekturführer
Venedig

Mit einer Einführung von
Donatella Calabi

Hatje

Gestaltung
Michela Scibilia

Druck
EBS Editoriale Bortolazzi-Stei, Verona

Übersetzung aus dem Italienischen
Sabine Weißinger

Lektorat
Ute Barba

Zuerst erschienen unter dem Titel
Venezia – Guida all'architettura

ISBN 3 7757 0437 X

Printed in Italy

Wir danken den Leihgebern *Donatella Calabi, Edilvenezia SpA, Mark Smith* und dem *Studio Valeriano Pastor* für die Überlassung ihrer Photographien.

Die freundliche Genehmigung, Gebäude innerhalb ihres Zuständigkeitsbereichs zu photographieren, erhielten wir von der *Amministrazione Provinciale di Venezia*, der *Direzione Musei Civici di Venezia* sowie der *Unità Sanitaria Locale n. 16 Venezia.*

Die Abdruckgenehmigung für die Faksimiles stammt vom *Archivio di Stato di Venezia n. 24/1993.*
Die Reproduktion dieser Dokumente erfolgte ebenfalls dort.

Inhalt

Donatella Calabi

Ein Wegbegleiter durch die Geschichte der Stadt und ihrer Architektur

1
Vittore Carpaccio, *Der Löwe von San Marco im Palazzo dei Camerlenghi.* Ausschnitt mit Dogenpalast und der Punta della Dogana. Venedig, Palazzo Ducale.

Jahrhundertelang war es in Beschreibungen der Stadt Venedig allgemein üblich, auf deren spezifische Eigenheit hinzuweisen, vor allem aber auf die Art und Weise, in der sie ins Wasser hineingebaut ist.

Im Jahre 1267 stellt der Chronist Martino da Canal die Tatsache heraus, daß sich die Ansiedlung »über dem Meer erhebt und das Salzwasser, außer in den Häusern und Straßen, überall durch und um sie herum fließt«, so daß die Einwohner stets zwei Möglichkeiten der Fortbewegung hätten: zu Fuß oder mit dem Boot. 1495 äußert der französische Botschafter Philippe de Commynes seine große Bewunderung angesichts der vielen, mitten im Wasser liegenden Türme, Klöster und Wohnhäuser, an denen die Schiffe vorüberziehen. Seine Einschätzung unterscheidet sich jedoch nicht allzusehr von der eines Zeitgenossen, eines geborenen Venezianers, des offiziellen Historikers der Republik, Marc'Antonio Sabellico: Dieser vermerkt in seinem Bericht über die Ursprünge Venedigs, daß »diese Stadt nicht wie viele andere an der einen oder anderen Seite von den Wellen des Meeres umspült wird, sondern daß sie mitten im Meer liegt«, weshalb man sie »bequemer von der See- denn von der Landseite her« erreiche. Kaum mehr als sechzig Jahre später nimmt sie Francesco Sansovino in seiner Erzählung von der »wunderschönen und einzigartigen« Stadt Venedig in ihren Einzelteilen (den Inseln) wahr; dergestalt, daß man, »ein Viertel verlassend und in ein anderes eintretend«, eine Stadt zurückzulassen und in eine gänzlich andere zu kommen glaube. Die Einwohner sähen dies mit Wohlgefallen als Vorteil, die Fremden versetze es in Erstaunen.

Im Jahre 1786 ist es dann ein aufmerksamer Reisender, Johann Wolfgang von Goethe, der die Stadt von einem Turm herab betrachtet und feststellt, daß das Gleichgewicht zwischen Land unter und über Wasser von dynamischer Natur ist; überall sieht

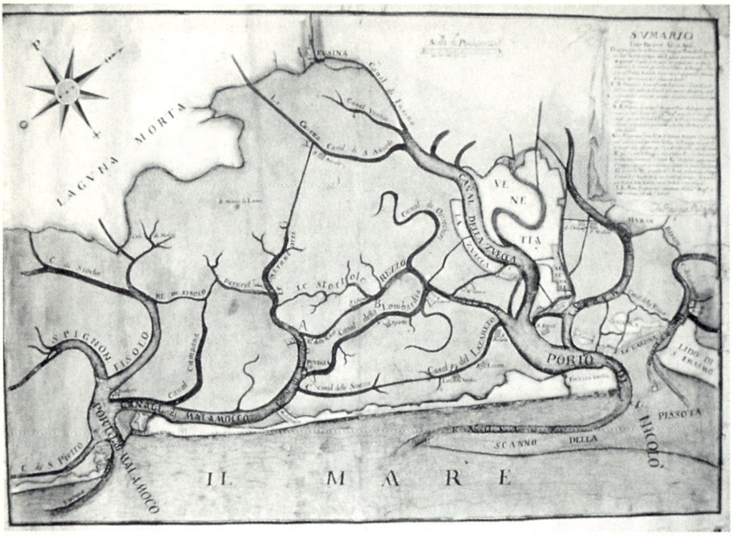

2
Anonym,
Die Lagune mit der Stadt Venedig und dem Kanalnetz, 18. Jh.
Venedig, Archivio di Stato.

3
Ignazio Danti,
Venetia, civitas admirabilis, um 1550.
Ausschnitt mit den Inseln Torcello, San Francesco und Burano.
Rom, Musei Vaticani.

er Festland auftauchen, wo zuvor nichts als eine spiegelnde Wasserfläche, ein großer, von Kanälen durchzogener, graugrüner Sumpf war. 1864 schließlich sieht Taine »Kirchen und Paläste, die ins Riesige wachsen und über das Meer gleiten, als wären sie Gespenster«.

Dies sind alles nicht nur suggestive sondern auch präzise literarische Beschreibungen, jedoch aus dem Blickwinkel derer formuliert, die die Besonderheit und die Magie einer ›anderen‹ Stadt suchen. Alle scheinen sie mehr an der Morphologie des Lagunengebietes und der Siedlungsform als an deren Einzelteilen interessiert.

Auch die Kartographie des 17. und 18. Jahrhunderts, die auf die Reisebeschreibungen großen Einfluß ausübte, vermittelt oft das undifferenzierte Gesamtbild eines vollständig von der Lagune umgebenen Häusermeeres. Die Angaben der nordeuropäischen Atlanten zum Beispiel führten zu einer bestimmten Art, das Profil und die städtebauliche Struktur der Stadt zu ›sehen‹. Auf einer ihrer Karten ragen die Glockentürme wie die Türme der Stadtmauern von Nürnberg oder Lübeck scharf und spitz aus einer undifferenzierten Baumasse. Auf einer anderen ist die Dichte der Bebauung durch einen formal homogenen Fleck wiedergegeben, der in der Lagune schwimmt. Ihn überquert nur die gewundene Form des Flusses, einem Fisch vergleichbar, dessen Rückgrat ein großes S bildet. Diesen Stadtansichten beigefügt finden sich einige Darstellungen des Canal Grande, als Häuserwand aufgefaßt. Im Hinblick auf die Binnenstrukturen wird auf die früheren Gesamtbilder eine Lesart angewandt, die mehr die räumliche als die zeitliche Abfolge beachtet.

Es sind die Stiche der bedeutenden Gebäude der Stadt von Luca Carlevarijs, die Reliefzeichnungen Antonio Visentinis, obschon mit viel Erfundenem durchsetzt, oder jene präziseren, die Leopoldo Cicognara zusammen mit den Schülern der Akademie anfertigte, die die Aufmerksamkeit der Betrachter auf die Gebäude lenken sollten: Die Vedute splittet sich auf in die einzelnen, nun isoliert gesehenen, individuellen Architekturen. Sie bietet keine globalen Ansichten mehr, sondern zeigt Einzelobjekte in ihrer jeweiligen Eigenheit, auch wenn diese wiederum in die Gesamtheit der Stadt, der sie angehören, eingegliedert werden (der Zoll an der Punta della Salute, das System öffentlicher Plätze in der Umgebung von San Marco, die Isola di Rialto).

In einem gewissen Sinne beruht dieser Reiseführer auf einer analogen Vorgehensweise. Um bei der Betrachtung Venedigs nicht dem Mythos zu verfallen oder sich von den pittoresken Aspekten verführen zu lassen, bedarf es der Entscheidung zugunsten der essentiellen architektonischen Einheiten. Um von den rhetorischen und banalen Allgemeinplätzen wegzukommen, muß man das eigene Interessensgebiet - in diesem Falle die städtebauliche Struktur - methodisch analysieren, so daß ein verständliches Instrument für die Betrachtung zur Verfügung steht. Das heißt, die einzelnen Teilobjekte der Gesamtstruktur müssen in den kulturellen Kontext ihrer Entstehungszeit zurückgeführt werden.

Die ureigenste Aufgabe eines Stadtführers impliziert jedoch eine pragmatische und oftmals heterogene Vorgehensweise. Unerläßlich ist einerseits der mikroskopische Blick auf das Objekt, andererseits die Befähigung zur Synthese, als handle es sich um die Abfassung der Stichwörter eines Wörterbuches. Gleichzeitig geht es darum, in der Beschreibung der venezianischen Architektur jegliche narrative Emphase zu vermeiden, wie es bei jeder anderen Stadt möglich wäre. Es bedarf also einer systematischen Katalogisierung und der größtmöglichen Vollständigkeit innerhalb der vorgegebenen räumlichen Grenzen. Die Handhabbarkeit des Buches ist eine der nicht zu vergessenden Zielsetzungen. Seine acht Kapitel basieren deshalb auf der nicht einfachen Verknüpfung von stilistischer und chronologischer Systematik. Innerhalb jedes Kapitels bestimmt formanalytische Strenge die Wahl der zu beschreibenden Gebäude, die auf die bezüglich des angeschlagenen Themas architektonisch bedeutendsten fällt. Die einzelnen Bauwerke werden in einen präzisen Bezugsrahmen gestellt, so daß sich die Kapitelüberschrift aus dem jeweiligen Katalogteil selbst erklärt. Der Reiseführer macht keine Zugeständnisse an wirkungsvolle Darstellungsweisen und poetische Farbtupfer, er enthält keine Hinweise auf Feste, Brauchtum, Legenden (davon enthält ein Großteil der Reiseliteratur zu Venedig gar zu viel), er ergeht sich nicht in der Beschreibung venezianischer Kuriositäten, verborgener oder esoterischer Aspekte, zu denen eine ganze Literaturgattung existiert. Diesbezüglich herrscht eine entschiedene und grundsätzliche Ablehnung.

Das Ergebnis ist ein Reiseführer, der gegenüber dem Leser recht wenig Nachsicht übt, denn er läßt keinen Raum für das Erzählerische, er ist nie ausschweifend. Er will nicht Meinungen, Eindrücke verbreiten oder zum Träumen einladen, sondern präzise Informationen, Wissensinhalte bieten. So entstand eine komprimierte Handreichung, die in der Tat nicht vorgibt, die Forschungsarbeiten über einzelne Teile der Stadt, über einzelne Bauwerke oder die Monographien zu den berühmten Architekten zu ersetzen. Im Gegenteil: Den Interessierten soll nicht nur dazu verholfen werden, die Gebäude zu sehen, sondern auch deren Geschichte zu begreifen, sich mit dieser Geschichte dort bekannt zu machen, wo sie tiefergehend beschrieben ist, das heißt, die genannten umfassenderen bibliographischen Quellen zu nutzen. Es handelt sich also um einen Führer, der sein Thema bewußt nicht erschöpfend behandelt, sondern den neugierigen Besucher mit allen Hinweisen ausstattet, die es ihm ermöglichen, jenen Dingen auf den Grund zu gehen, die seine Aufmerksam-

4
Teilansicht eines neunstöckigen Hauses mit Aussicht auf den Campo del Ghetto Nuovo. Zeichnung, 18. Jh. Venedig, Archivio di Stato.

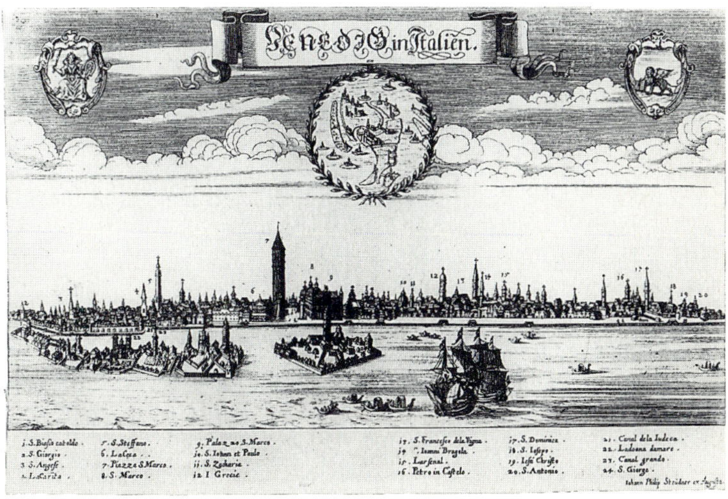

5
J. Ph. Steüdner, *Perspektivische Stadtansicht*, Ende 17. Jh. Venedig, Biblioteca Musei Civici.

6
Joseph Heintz der Jüngere,
Punta della Salute mit Dogana da Mar, somaskischem Kollegium und Chiesa Santa Maria della Salute,
17. Jh.
Venedig, Biblioteca del Seminario Patriarcale.

keit oder sein Interesse am meisten erwecken. Die Katalognummern enthalten spezifische Informationen zu den Bauabschnitten der einzelnen Gebäude, ohne deren Grenzen zu überschreiten. Sie vermeiden jene Personifikation der Stadt oder ihrer berühmtesten Bauwerke, die bei vielen der gefeiertsten Schriftsteller so beliebt war. Mit Sicherheit wird hier über die Chiesa della Salute nicht in der Weise gesprochen, in der sie Joseph Heintz in seinem berühmten, hier reproduzierten Bild malte; und ebensowenig in der Art des Henry James, der sie viel später in Gestalt einer vornehmen Dame sah, die sich ausladend und heiter in ihrem Salonsessel vor dem Hauseingang niedergelassen hat. Beachtung findet statt dessen, daß es sich um einen Zentralbau handelt mit einem fortlaufenden Wandelgang, der sich an frühchristlichen Vorbildern orientiert. Der Leser wird angehalten, den Anbau eines von zwei halbkreisförmigen Apsiden gebildeten Peristyliums oder den Übergang von der achteckigen in die runde Form der Kuppel wahrzunehmen. Analog dazu ist nicht die Rede von Palästen, die dem Canal Grande »jenes Flair von Größe verleihen, ... entstellten und entehrten« Herrschaften gleich, auf deren Antlitz das Alter und die nachfolgenden Generationen Spuren hinterließen, sondern von der zwei- oder dreiteiligen Anlage dieser Gebäude, von Flügeln, die einem Grundschema angefügt sind, von Polyforen, Serlianen und Bogenfenstern. Das Thema ist also genau umrissen: es geht allein um Architekturgeschichte, also auch nicht um die Kunstwerke, die es in den besprochenen Gebäuden zu sehen gibt. Das Buch leidet unvermeidbar darunter, daß für die verschiedenen historischen Perioden keine gleichwertige Literatur vorliegt. So ist sie für das 16. Jahrhundert sehr viel ausführlicher als für die Zeit vom 12. bis zum 14. Jahrhundert, für die an dem Bild einer einzigen großen Baustelle, einer bis an ihre Grenzen expandierenden Stadt, festgehalten wird, während einzelne Neubauten relativ wenig erforscht sind.

Alles in allem ist das, was Guido Zucconi dazu bewegt hat, auf den folgenden Seiten eine Vielzahl von Informationen und wissenschaftlichen Anmerkungen zur Architektur der Bauwerke

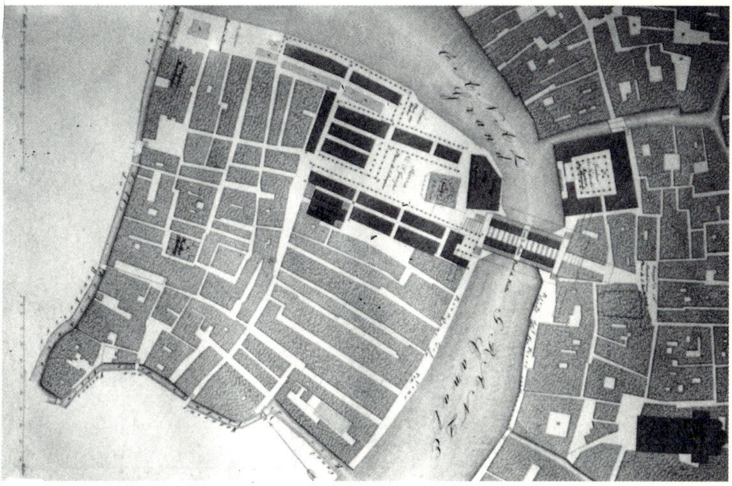

7
L. Cicognara, A. Diedo und G. Selva, *Die bemerkenswertesten Gebäude Venedigs, vermessen, erklärt und gestochen von den Mitgliedern der Veneta Accademia di Belle Arti.* Venedig, 1815-1820. Lageplan der Isola di Rialto.

Venedigs zusammenzutragen, keinesfalls eine »Liebe« zur eigenen Stadt, die im Jahre 1926 Giulio Lorenzetti dazu trieb, über »Venedig und sein Mündungstrichter« zu schreiben. Hier regiert nicht das Pathos, das sich noch in der jüngsten Ausgabe jenes Buches findet, das für ganze Generationen von Besuchern der Venedigführer par excellence war. Fern liegt dem Autor die Absicht, den Leser durch das »tausendjährige Leben« dieses »großen Volkes« zu geleiten, fremd ist ihm die »Erschütterung«, von der der Venezianer angesichts der Kunst und der Geschichte »einer ganzen Welt für sich« spricht. Dieses neue verlegerische Unternehmen gleicht einem Werkzeugkasten, der die geeignetsten Instrumente für einen Gang durch die Stadt und die Literatur zur Verfügung stellt. Die kurzen Einleitungen zu den acht Kapiteln geben einen Überblick über die Stilgeschichte und, mit Hilfe eines kleinen Lageplanes, Hinweise auf die Orte, an denen diese am deutlichsten ablesbar ist.
Die Hauptschwierigkeit lag gerade in der inhaltlichen Bestimmung der Kapitel: die Chronologie wie die stilistischen Entwick-

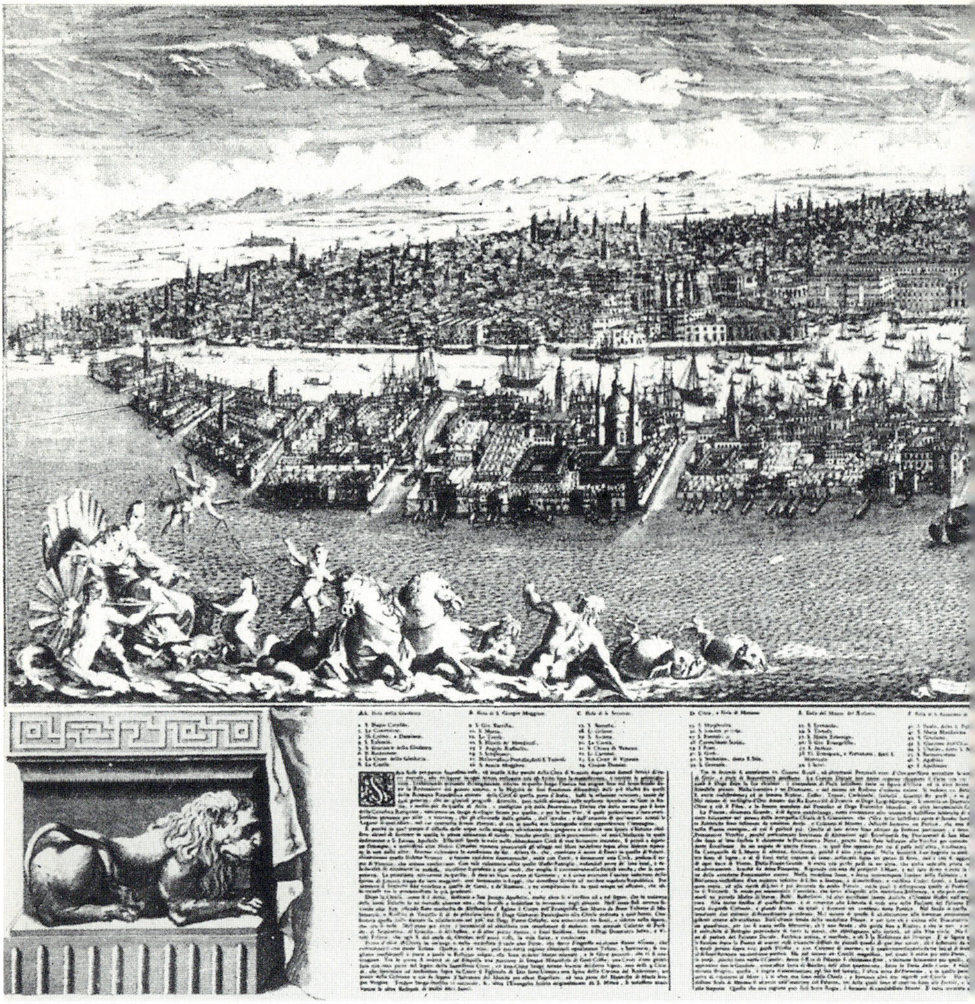

lungslinien sollten gleichermaßen berücksichtigt werden. So bewegt sich das Buch bei der Aufdeckung der byzantinischen Ursprünge in einem urbanen Kontext, der das Erbe der großen Tradition des Exarchats darstellt, und beobachtet gezielt die Entwicklung des Kaufmannshauses; dahingegen lenkt es seine Aufmerksamkeit bei der Behandlung der venezianischen Gotik auf die Themen staatlich repräsentativer Architektur, sucht nach den typischen Merkmalen der lombardischen Bauhütten, ohne zu versäumen, hinweisgebende Elemente in der Architektur der Privathäuser und Klöster wahrzunehmen. Das Interesse an Kultur, Bildung und Wissen der Architekten, Baumeister und Handwerker erweist sich als tauglicher Leitfaden auch für die Architektur der Frührenaissance. Sie wurde an anderer Stelle ausgiebig erforscht und analysiert - das ist richtig -, aber, um die Unruhe in ihrer Formensprache zu begreifen, müssen die Verbindungen mit der konstruktiven und gestalterischen Tradition der

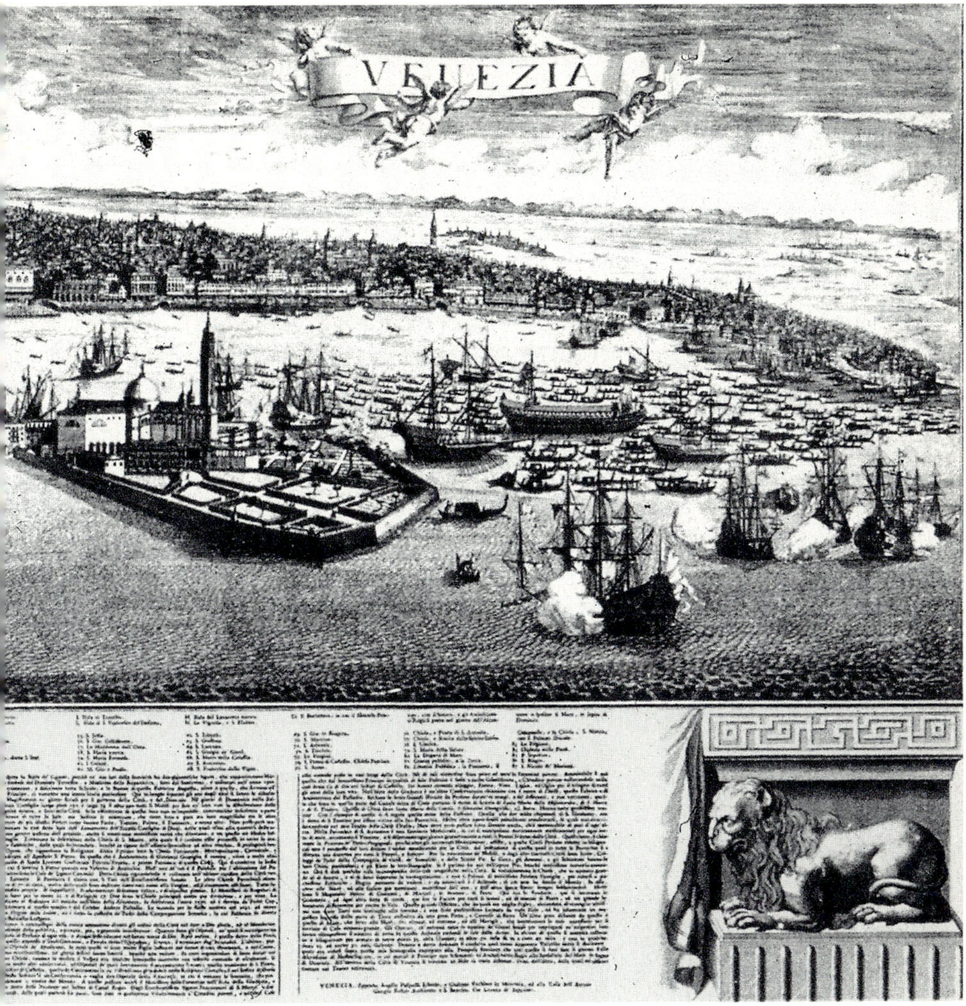

8
G. Fossati, *Perspektivischer Stadtplan*, 1743. Venedig, Biblioteca Musei Civici.

Spätgotik herausgestellt werden. Wo konzentriert sich die im 16. Jahrhundert vollzogene Erneuerung? Die Umgestaltungen, denen die staatlichen Werft- und Hafenanlagen des Arsenale, der Markt von Rialto und die Piazza San Marco, also die Orte der Produktion, des Handels und der Machtausübung, unterworfen waren, sind von den Stadthistorikern gründlich und detailliert wissenschaftlich untersucht worden. Jedoch blieben sie von der Populärliteratur völlig unbeachtet; diese beschränkt sich im besten Falle darauf, jedes einzelne Bauwerk separat zu behandeln. Auch die Architekten des 18. Jahrhunderts, deren Gemeinsamkeit im Rückbezug auf die Architektur der Vergangenheit besteht (Tirali, Massari, Visentini, Temanza, Scalfarotto), oder die Tempel der Musik und des Theaters (die Chiesa della Pietà, das Teatro La Fenice) werden in diesem Buch mit dem Anspruch behandelt, den an anderer Stelle unternommenen Studien Rechnung zu tragen. Ein kurzer und zusammenfassender Blick wird

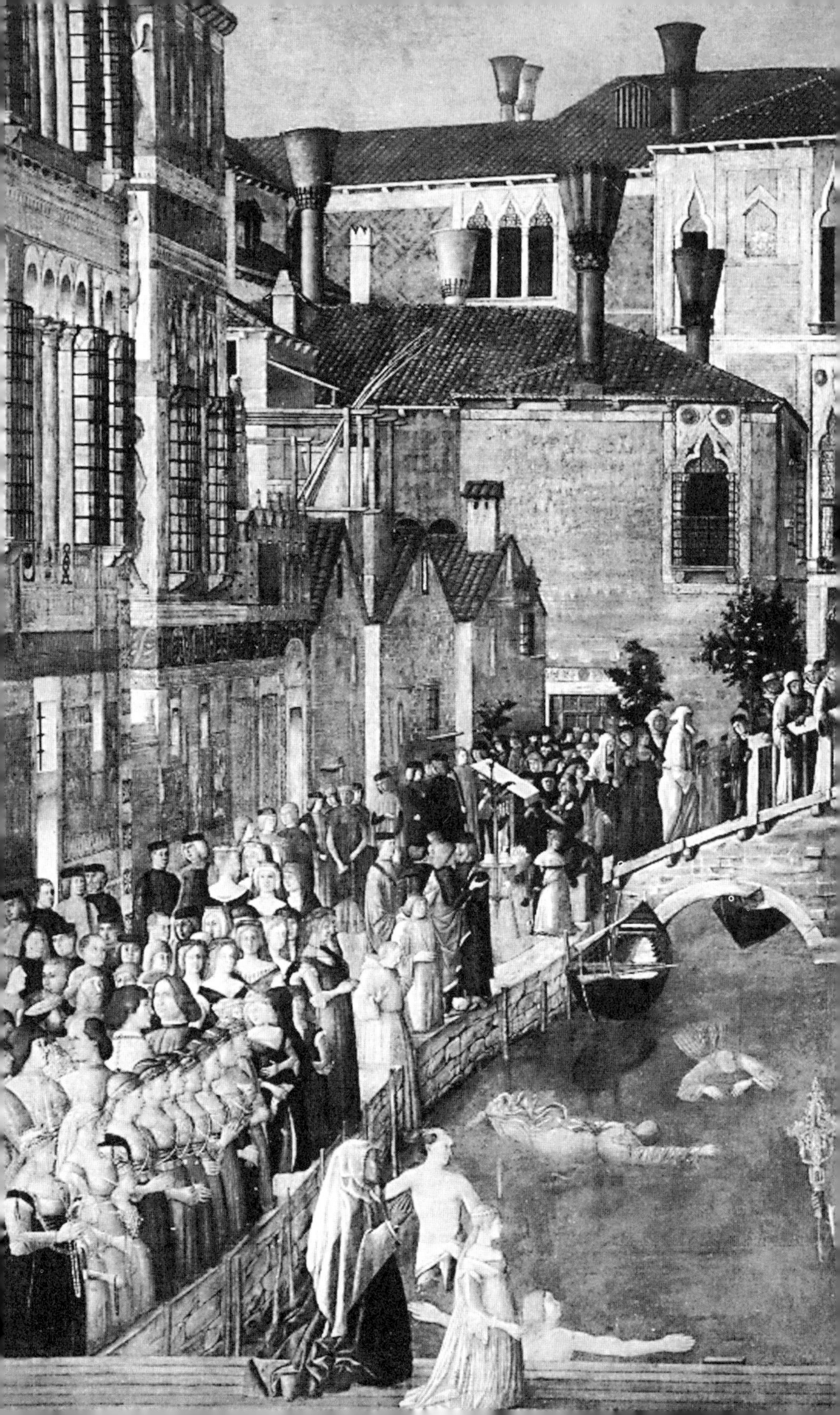

9 - 10
Gentile Bellini, *Das Kreuzeswunder an der Brücke von San Lorenzo*, 1500. Ausschnitt mit Ufer, angrenzendem Palast und Häuschen (links) sowie Ausschnitt mit der kleinen Holzbrücke, die den Palast direkt vom Kanal aus zugänglich macht (rechts). Venedig, Gallerie dell' Accademia.

11
Jacopo Tintoretto, *Votivbild des Dogen Nicolò da Ponte*. Hintergrundausschnitt mit der Riva degli Schiavoni. Venedig, Palazzo Ducale, Sala del Collegio.

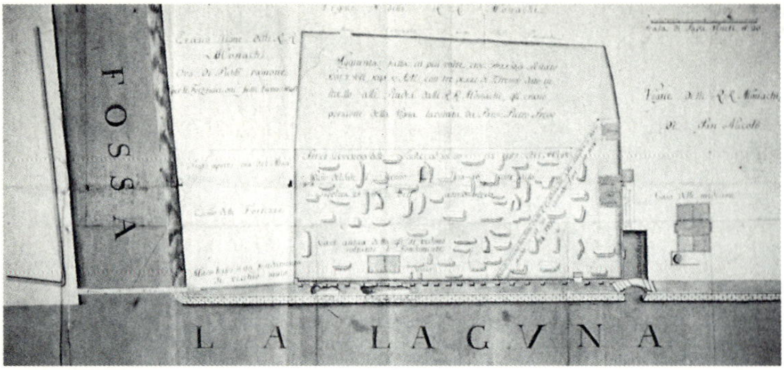

12
Alter jüdischer Friedhof in Angrenzung an die Weingärten der Mönche von San Nicolò di Lido. Aquarellierte Zeichnung, 1767.
Venedig, Archivio di Stato.

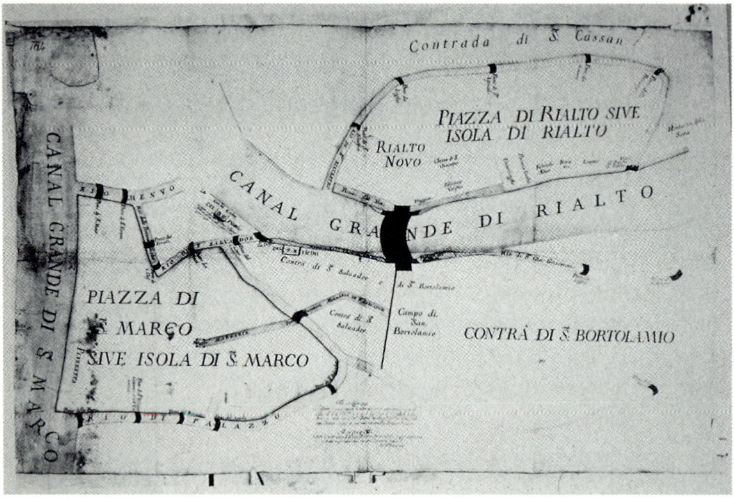

13
Domenico Garzoni, *Die beiden Inseln San Marco und Rialto, durch den Canal Grande voneinander getrennt und durch die Rialtobrücke und den Cordone della Marzaria miteinander verbunden*, 1712.
Venedig, Archivio di Stato.

auf den vereinfachten Klassizismus der napoleonischen Bauprogramme geworfen, wie er sich etwa in den Giardini Reali oder in den neuen öffentlichen Einrichtungen (Archiv, Hospital) zeigt. Genau und kenntnisreich ist auch die Darstellung des nostalgischen oder dekadenten Mythos der Romantik, der stets präsent ist in den Bauwerken der großen Hotels, der Banken, der Versicherungen oder aber auf dem Lido mit seinem Strand und seinen Ferienvillen - also in einer Stadt, die durchaus mit der Zeit geht. In diesem Zusammenhang kann unmöglich die mit der ›historischen‹ Stadt auf den Inseln in Konkurrenz tretende moderne vergessen werden, das heißt der Hafen und das Industriezentrum. Schließlich kommen noch die Schwierigkeiten der modernen Architektur hinzu: deren neue stilistische Prinzipien wurden angefeindet, hinter Einfriedungen oder ins Innere einer sehr dichten Bebauungsstruktur (Scarpa) verwiesen, sie wurden abgelehnt (Wright, Le Corbusier, Kahn) oder zu einem Kompromiß gedrängt mit dem, was man als die spezifische Bautradition der Lagunenstadt identifiziert hatte (Gardella). Trotz der Gedrängtheit des Textes, die der beschränkte Umfang des Buches

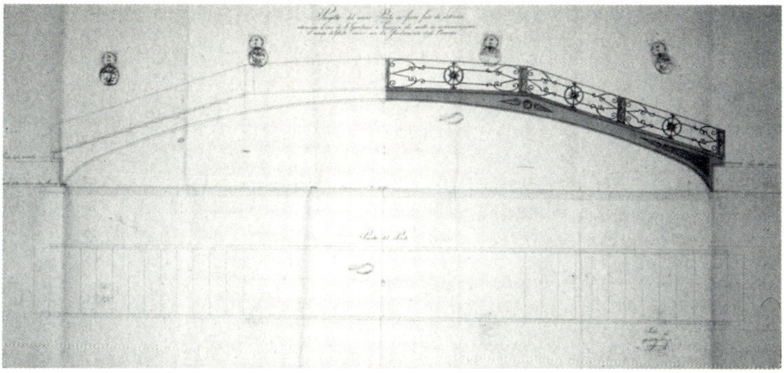

14
Die neue Eisenbrücke im Ghetto Nuovo, Projekt des Ingenieurs Neville, 1862. Venedig, Archivio Comunale della Celestia.

notwendig macht, versäumt es der Autor nicht, ›nützliche Informationen‹ zu geben: die vollständige Adresse, die nächstgelegene Bootshaltestelle, Informationen also, wie sie für die Städte auf dem Festland üblich sind.

Das sich an der Nabelschnur der Mercerie symmetrisch spiegelnde Stadtzentrum bildet den Gesamtbezugsrahmen, in den die Einzeluntersuchungen der venezianischen Bauwerke zu stellen sind. Die beiden Gravitationsfelder auf der einen und der anderen Seite des Canal Grande, die Beziehung zwischen Hauptwasserweg und Kanalnetz innerhalb der beiden städtebaulichen Systeme San Marco und Rialto, schließlich das besondere Verhältnis, das sich innerhalb der Lagune zwischen Zentrum und Peripherie herstellte und sich zwischen dem 15. und 19. Jahrhundert allmählich veränderte, konstituieren die Gesamtstruktur der Stadt. Wenn sie - obwohl stets präsent - in diesem stilistischen und historischen Stadtführer nicht explizit hervorgehoben ist, so ist sie doch den dargebotenen Informationen implizit, denn der Autor ist sich durchaus darüber im klaren, daß sich die ersten Ansiedlungen in der Lagune gänzlich an dieser Infrastruktur orientierten. Die am Ende des 15. und im Verlauf des 16. Jahrhunderts errichteten öffentlichen Gebäude sind hinsichtlich ihrer Größe und architektonischen Beschaffenheit von keiner geringen Bedeutung, vor allem aber sind sie keineswegs unsensibel gegenüber der vielleicht unausgesprochenen, aber erkennbaren Absicht, den verkehrstechnischen Hauptachsen Gestalt zu geben. Besonders die Viertel San Marco und Rialto wurden in dieser Zeit vollständig neustrukturiert. Die verantwortlichen Behörden mögen hierbei profitiert haben von jenen tragischen Ereignissen, die in nie dagewesener Häufigkeit,wie die anderen europäischen Städte der alten Ordnung, so auch Venedig heimsuchten. Oder sie haben ganz einfach mit Nachdruck auf die Modernisierung gedrängt, auf die damit notwendig verbundene Renovierung und Beseitigung dessen, was durch Vernachlässigung und Verfall die Situation unerfreulich gemacht hatte. Daß sie dabei die Absicht verfolgten, die Unterschiede in

15
Anonym, Konstruktionsdetails des Fondaco dei Turchi am Canal Grande. Zeichnung, 18. Jh. Venedig, Biblioteca Musei Civici.

Funktion und Bedeutung zwischen den beiden Kerngebieten durch die Eliminierung einer Reihe von Ähnlichkeiten und der zu engen Vermischung von merkantilen und repräsentativen Aspekten zu verstärken, weiß der Autor dieses Buches ohne Zweifel, denn obwohl er die einzelnen Schritte nicht benennt, steht das Wissen um sie im Hintergrund seiner Beschreibung der Bauwerke des einen und des anderen Stadtgebietes. Es ist in der Tat kein Zufall, daß ihre Erneuerung das Startzeichen gab für eine moderne Stadtentwicklung, bei der auch nach anderen architektonischen Sprachformen gegriffen wurde. Es handelte sich um die Wahl eines für die Zukunft verbindlichen städtebaulichen Konzeptes, von dem unbekannte Baumeister, anonyme Bauleiter und berühmte Architekten gleichermaßen Gebrauch machten; es ging um die Integration von Neubauten und alter Bausubstanz, um einen bewußten Umgang mit den noch unbebauten Inselgebieten, um die Neustrukturierung der städtischen Hauptverkehrswege. Tatsächlich gibt es in der Geschichte Venedigs viele städtebauliche Projekte, die in der Lage waren, das mittelalterliche Erbe und die konsolidierten Interessen zu berücksichtigen, Projekte, die gleichzeitig nicht darauf verzichteten, die Gelegenheit zur Durchsetzung funktioneller Präferenzen wahrzunehmen.

Es ist wohlbekannt, daß die Hauptstadt der venezianischen Republik eine Stadt des Verkehrs und des Handels war, daß ihre Macht über Jahrhunderte hinweg auf Geld und politischer Kontrolle basierte, daß sich ihre Herrschaft nicht aus dem Besitz von

Ländereien herleitete, daß die Bedeutung, die ihr Finanzsystem erlangte, Auswirkungen auf ganz Europa hatte. Es ist vermutlich eine allzu mechanische Folgerung, dies müsse in Beziehung gesetzt werden zu einer Lebensweise, die sich auf Grund von Strukturen entwickelte, die in den anderen europäischen Staaten unüblich waren. Aber daß die städtebauliche Struktur von einer Gemeinschaft geschaffen wurde, die sich schrittweise organisierte und dabei ein geographisch schwieriges Gelände umwandelte und ihren Bedürfnissen anpaßte, ist für jeden offenkundig, der auch die physischen Grenzen der Stadt und die sich aus ihrer Lage ergebenden Besonderheiten in seine Erwägungen einbezieht. Gerade hier wird die ›Künstlichkeit‹ Venedigs deutlich, im Gegensatz zu einer Natürlichkeit, die von Künstlern und Reisenden gesucht wird. Sie zeigt sich im Bau und in der stets dringend notwendigen Wartung des Kanalsystems, in der räumlichen Verteilung der verschiedenen ethnischen Gruppen, in einem Sonderbezirk wie dem alten jüdischen Friedhof bei San Nicolò. Die Kunstmittel, mit denen hier die Natur verändert wird, sind auch Ausdrucksmittel einer empirischen Weisheit und einer ökonomisch motivierten Duldsamkeit gegenüber Fremden.
Die im Katalogteil dieses Buches vorgenommene Detailuntersuchung beruht noch auf einer anderen wichtigen Voraussetzung. Es ist die Häufigkeit, in der einige Baumaterialien in der Lagunenmetropole zum Einsatz kommen: istrischer Kalkstein, Montello-Holz (für das Deckengebälk), trevisanische und paduanische Ziegel und Dachpfannen. Da die örtlichen Ressourcen nur spärlich waren, kamen diese Materialien aus den venezianischen Territorien, was deren Ausbeutung bedeutete; die beschränkten Mittel waren aber auch ein gutes Instrument zur formalen Vereinheitlichung und ein starker Antrieb zur steten Wiederverwendung, die immer häufiger ganze Gebäudeteile betraf.
Schließlich steht im Hintergrund dieses Buches die klare und deutliche Wahrnehmung, daß sich die Stadt kontinuierlich transformierte. Alle ihre Bauwerke haben eine jahrhundertealte Geschichte, auch jene, die im Katalogteil nur im Rahmen einer Epoche und eines bestimmten Stiles vorgestellt werden. Die Renaissancekirchen wurden als Nachfolgebauten byzantinischer Kirchen errichtet; die Paläste und Privathäuser wurden ständig erneuert, vom hohen Mittelalter bis in die Zeit, als - wie in allen anderen Städten Italiens - in Venedig jener Fortschrittswille Einzug hielt, der ablesbar ist an standardisierten Bauformen, an einem auf Gesundheit und Lichteinfall achtenden Wohnungsbau, an breiten Straßen und neuen Eisenbrücken.
Fazit: Es müssen nicht alle Rahmenaspekte ausführlich beleuchtet werden, wenn klar ist, wo in dem Bild, das man zusammenzusetzen sucht, jedes Stück seinen Platz hat. Der Versuch einer größtmöglichen Synthese, wie er in diesem Buch unternommen wurde, scheint dies zu bestätigen.

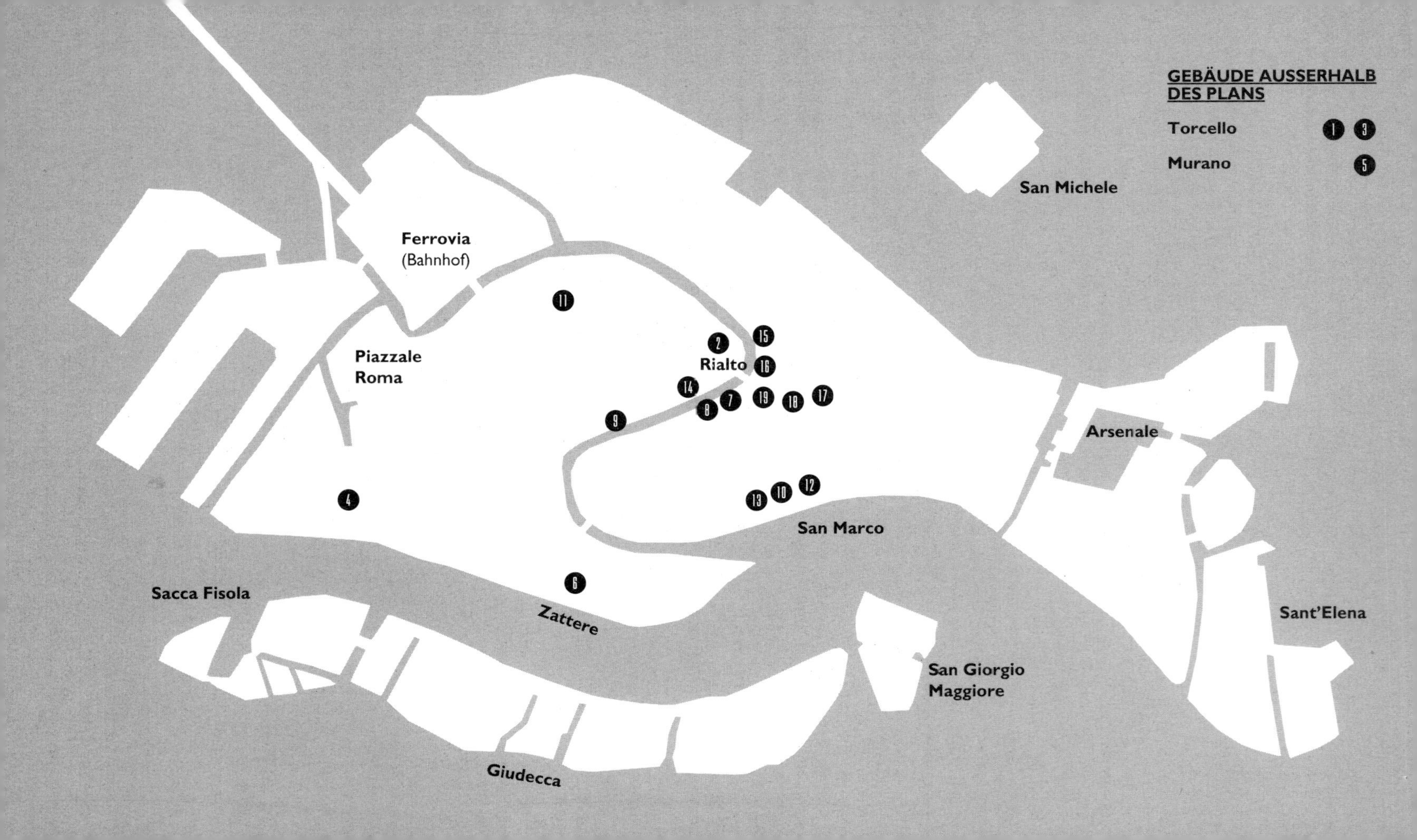
GEBÄUDE AUSSERHALB DES PLANS
Torcello 1 3
Murano 5
San Michele
Ferrovia
(Bahnhof)
Piazzale
Roma
Rialto
Arsenale
San Marco
Sacca Fisola
Zattere
Sant'Elena
San Giorgio
Maggiore
Giudecca

Das mittelalterliche und byzantinische Venedig

Die kunsthistorisch interessanten Objekte dieser Epoche konzentrieren sich in zwei architektonischen Kernzonen: einerseits Torcello, Zeugnis einer ersten Bauphase im Zusammenhang mit der Besiedlung der peripheren Inseln; andererseits San Marco, symbolisches Monument eines Stadtstaates, der sich, in der Konsolidierung seiner ureigensten Institutionen im Zentrumsgebiet, seiner wirtschaftlichen und politischen Macht bewußt wird. Zu unterschiedlichen Zeitpunkten und in unterschiedlicher Gestalt machen beide ein byzantinisches Grundmuster sichtbar, das in Ravenna, der Hauptstadt des Exarchats, sein ursprünglich vorbildgebendes Zentrum besaß, ein Zentrum, das in der nördlichen Adria sein natürliches Expansionsgebiet und in Venedig - wie Sergio Bettini formulierte - die »kongenialste Erbin« fand.
Wesentlich bescheidener sind die Zeugnisse der Privatarchitektur: Zum größten Teil handelt es sich hier um Fassaden mit Portalen und Polyforen des venezianisch-byzantinischen Typs, deren Kennzeichen die schmalen, hohen Bögen sind. Bis an die Schwelle zur Neuzeit stellen sie ein beherrschendes Merkmal der Stadtlandschaft dar. Ausgehend von diesen Resten der Wohn- und Handelshäuser, die einstmals untrennbar mit den Geschicken Venedigs verbunden waren, lassen sich die Phasen einer Stilentwicklung aufzeigen, die bis an den Beginn der Gotik heranführt. Aus einem abstrakten Verständnis des venezianisch-byzantinischen Stils heraus, wurde im 19. Jahrhundert die Fassade des Fondaco dei Turchi neu gestaltet.

1
Cattedrale di Torcello
11. Jahrhundert
Torcello
Anlegestelle Torcello

Im 7. Jahrhundert als Bischofssitz gegründet, wurde die der Santa Maria Assunta geweihte Kirche im 9. und 11. Jahrhundert umgebaut: Aus der letztgenannten Zeit stammt das Gebäude venezianisch-byzantinischer Prägung, beachtenswert auch wegen seines guten Erhaltungszustandes. Anregend auf das kunsthistorische Interesse wirkt zudem die quasi surreale Verlassenheit des einst dichtbevölkerten Ortes. Die basilikale Anlage mit drei durch Marmorsäulen voneinander getrennten Schiffen zeugt vom Traditionszusammenhang mit der spätrömischen Kultur. Auf der Innenseite der Hauptfront und in den Wölbungen der drei halbrunden Apsiden befinden sich Mosaiken der Schule von Ravenna.

LITERATUR: Bettini 1939; Forlati 1939; Lorenzoni 1983, S. 409ff.; Polacco 1984.

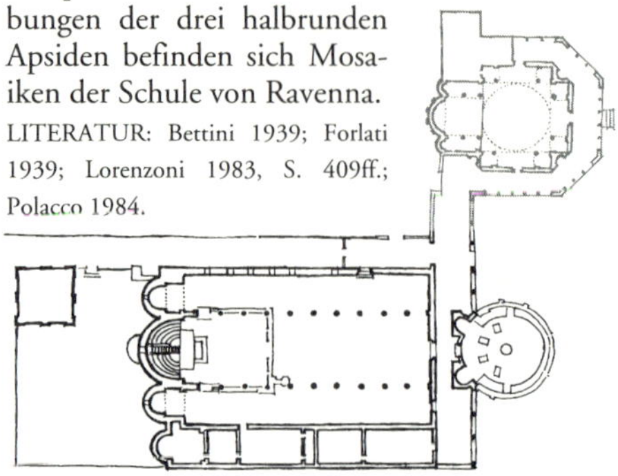

2
Chiesa di San Giacomo di Rialto (San Giacometto)
11. Jahrhundert
San Polo, Campo di Rialto
Anlegestelle San Silvestro oder Rialto

Sie gilt traditionell als die älteste Kirche Venedigs. Dies mag der Grund dafür sein, daß die späteren Umbaumaßnahmen (vor allem im 16. und 17. Jahrhundert) nicht in ihre ursprüngliche Raumstruktur eingriffen. Der Innenraum hat die Form eines Rechteckes, in das ein Kreuzschema mit Zentralkuppel eingeschrieben ist. Dies ist ein Modell, auf das später bei den Kirchenbauten des 15. und 16. Jahrhunderts zurückgegriffen wurde.

LITERATUR: Gardani 1966; Franzoi-Di Stefano 1976, S. 16ff.; Calabi 1987, S. 96ff.

3
Chiesa di Santa Fosca a Torcello
11. Jahrhundert
Torcello
Anlegestelle Torcello

Die Kirche, ursprünglich als der Basilika von Torcello angegliedertes Märtyrergrab entstanden, ist ein Zentralbau. Das in ein Achteck eingeschriebene griechische Kreuz nimmt ein typisches Gestaltungsmuster der byzantinischen Bauweise des 11. Jahrhunderts auf. Fünf der acht Außenseiten ist ein Arkadengang vorgelagert mit gestelzten Bögen, Säulen und behauenen Kapitellen. An den anderen Seiten schließt sich die fünfeckige Apsis an, flankiert von halbrunden Nebenapsiden. Trotz der offensichtlich komplexen Raumstruktur erscheint das Gebäude als ausgewogene und harmonische Komposition in elementar geometrischem Stil.

LITERATUR: Bettini 1939; Forlati 1939; Vecchi 1979; Lorenzoni 1983, S. 417ff.

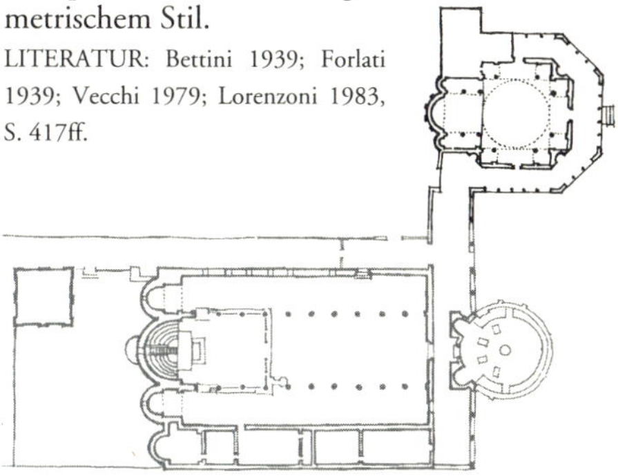

4
Chiesa di San Nicolò dei Mendicoli
12. - 16. Jahrhundert
Dorsoduro, Campo San Nicolò
Anlegestelle Santa Maria oder San Basilio

Sie gilt traditionell als eine der ältesten Kirchen Venedigs. Vom ursprünglichen Bauwerk (7. Jahrhundert) ist die basilikale Anlage mit drei Schiffen auf Säulen erhalten. Vom 12. bis ins 16. Jahrhundert verschiedentlich umgebaut, zeigt die Kirche eine kahle Backsteinfront, von der sich der Portikus aus dem 15. Jahrhundert, ein in der religiösen Architektur Venedigs zeitweilig geläufiges Element, abhebt.

LITERATUR: Lorenzetti 1963, S. 551ff.; Franzoi-Di Stefano 1976, S. 190ff.

5
Chiesa dei Santi Maria e Donato
11. - 12. Jahrhundert (1140 fertiggestellt)
Murano, Fondamenta Giustiniani
Anlegestelle Museo

Die Kirche ist einer der großen Komplexe religiöser Architektur, die auf den Laguneninseln in der Phase der ersten Besiedelung (7. Jahrhundert) gegründet und nach dem Jahre 1000 in basilikaler Form erneuert wurden. Die kahle Hauptfassade unterstreicht die Innenstruktur: Teilung in drei Längsschiffe und ein hohes Querschiff. Sehr bekannt ist das Bild der Längsseiten und des Apsisbereiches, wo die radikale Restaurierung der Jahre 1858 bis 1873 am sichtbarsten wird. Damals versuchte Camillo Boito, die äußere Backsteinverkleidung wiederherzustellen und gliederte sie durch Nischen, die nach außen in eine doppelgeschossige Reihe zierlicher Arkaden auf Zwillingssäulen übergehen.

LITERATUR: Lorenzetti 1963, S. 817 ff.; Fontana 1981.

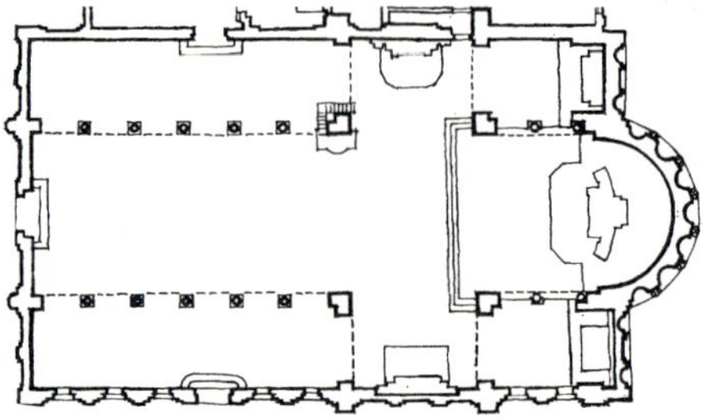

6
Chiesa di Sant'Agnese
12. - 13. Jahrhundert
Dorsoduro, Rio terrà Alboretti
Anlegestelle Zattere

Die Kirche, die inzwischen profaniert und dem Institut Cavanis angegliedert ist, unterlag mehreren baulichen Eingriffen und Erneuerungen; das letzte Mal (1939) geschah dies in der Absicht, ihr die Charakteristika eines venezianisch-byzantinischen Baues wiederzugeben. Trotz alledem sind hier, mehr als an anderen venezianischen Bauwerken, die Grundzüge des reinen basilikalen Typs mit drei Schiffen ohne Querschiff sichtbar.

LITERATUR: Lorenzetti 1963, S. 522 ff.; Franzoi-Di Stefano 1976, S. 213ff.

7
Ca' Loredan
12. Jahrhundert
San Marco 4137, Riva del Carbon
Anlegestelle Rialto

Seit 1868 hat in diesem Gebäude der Stadtrat seinen Sitz. So sehr es auch verändert wurde (unter anderem wurde es um zwei Geschosse erhöht), erhalten geblieben sind orginale Kapitelle, Säulen und Zierscheiben in der unteren Loggia und in der oberen Polyfore, die sich über die gesamte Frontbreite erstreckt. In diesem Zusammenhang sprach Bettini von einer »von der Polyfore gänzlich verschlungenen Fassade«.

LITERATUR: Bettini 1978, S. 101; Maretto 1986, S. 76ff.

8
Ca' Farsetti
12. Jahrhundert
San Marco 4136, Riva del Carbon
Anlegestelle Rialto

Das Gebäude ist Sitz der Stadtverwaltung und bekannt als Zwilling der Ca' Loredan; beide sind sie zum Canal Grande hin orientiert und bilden zusammen eine Art von venezianisch-byzantinischem Kontinuum. Noch stärker baulich verändert als die Ca' Loredan weist das Gebäude doch eine außergewöhnliche Reihe von kleinen Doppelsäulen auf, die gestelzte Bögen tragen.

LITERATUR: Lorenzetti 1963, S. 489ff.; Zorzi-Marton 1989, S. 54ff.

9
Ca' Donà della Madonetta
12. - 13. Jahrhundert
San Polo 1429/b, Calle del Traghetto
Anlegestelle San Silvestro

Zusammen mit der angrenzenden Casa Donà ist das Gebäude zum Canal Grande hin orientiert und weist an dieser Fassade eine lange Polyfore jener Art auf, die Arslan der ersten Phase venezianisch-byzantinischer Profanarchitektur zuschrieb. Hier erscheinen tatsächlich Rundbögen, die auf reich verzierten Kapitellen lagern.

LITERATUR: Arslan 1970, S. 21; Maretto 1986, S. 86ff.

10
Basilica di San Marco

9. Jahrhundert (im 11. J. erneuert);
Fassade aus dem 12. bis 16. Jahrhundert
Piazza San Marco

Anlegestelle San Marco oder San Zaccaria

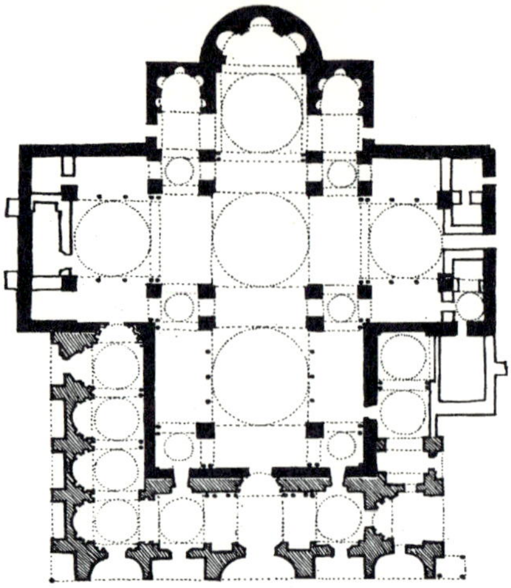

Der erste Bau wurde 829-832 von den Partecipazio zu einem doppelten Zweck errichtet: zur Beherbergung des Leichnams des heiligen Evangelisten Markus und zur Nutzung als Hofkapelle der Dogen, an deren neue Residenz er angrenzte (Charakter und Funktion San Marcos als Staatskirche sollten sich lange erhalten: erst 1807 wurde sie zur Bischofskirche). Der zweite, unter der Contarini-Regierung (1063-1073) errichtete Bau hat die Apostelkirche in Konstantinopel aus dem 6. Jahrhundert zum Vorbild. Die architektonische Struktur

basiert auf einem griechischen Kreuz, eingeschrieben in ein Quadrat; das Zentrum und die vier Arme sind von großen Kuppeln überwölbt - nach Mango (1974, S.166) ein Fall von »antiquarischem Eklektizismus«, der sich jedoch am neuesten Wissensstand der Zeit orientiert. Auch zur strahlenden Klarheit der großen Mosaiken und der Goldgründe in den Kuppeln bildet die byzantinische Kunst die Grundlage, die nach und nach mit Elementen verschiedener Herkunft angereichert wird, um mit diesen schließlich zu einer stilistischen Synthese zu verschmelzen. Mehr noch als im Innern ist dies erkennbar an den höchst erfindungsreichen Fassaden aus dem 12. und dem 15. Jahrhundert. Eine Art große Galerie mit einer doppelten Bogen- und Nischenordnung, unterbrochen von einer Balustradenterrasse und gekrönt von gotischen Fialen, umschließt das Gebäude zur Piazza hin auf drei Seiten.

LITERATUR: Bettini 1946; Mariacher-Pignatti 1950; Demus 1960; Krautheimer 1986, S. 440ff.

11
Chiesa di San Giacomo dell'Orio
12. - 13. Jahrhundert
Santa Croce, Campo San Giacomo dell'Orio
Anlegestelle Riva di Biasio oder San Stae

Möglicherweise im 9. Jahrhundert gegründet, geht der jetzige Bau auf das 13. Jahrhundert zurück und zeigt deutliche Spuren späterer Veränderungen; die basilikale Anlage ist hier durch die Einfügung eines Querschiffes nach dem Schema des lateinischen Kreuzes modifiziert. Nennung verdienen die stützenlos den gesamten Raum überspannende Holzdecke (14. Jahrhundert) und der venezianisch-byzantinische Glockenturm (12. Jahrhundert).

LITERATUR: Lorenzetti 1963, S. 604 ff.; Franzoi-Di Stefano 1976, S. 69ff.

12
Chiostro di Sant'Apollonia
12. - 13. Jahrhundert
Castello 4312, Ponte della Canonica
Anlegestelle San Zaccaria

Dieser Kreuzgang ist der einzige aus dem 13. Jahrhundert stammende in Venedig. Einst gehörte er der Kongregation der Primiceri von San Marco. Die Rundbogenreihe lagert auf Zwillings- und Einzelsäulen. Das Portal aus dem 15. Jahrhundert führt zur Scuola dei Linaroli, die ursprünglich der heiligen Apollonia geweiht war und heute von der Firma Jesurum genutzt wird.

LITERATUR: Lorenzetti 1963, S. 320; Zorzi-Marton 1989, S. 60ff.

13
Albergo del Selvadego
13. Jahrhundert
San Marco, Calle dell'Ascensione
Anlegestelle San Marco

Die von F. Forlati (1926) ausgeführten, umfangreichen Restaurierungsarbeiten haben typische Elemente der venezianisch-byzantinischen Architektur wieder ans Licht gebracht; deutlich heben sie sich von der dunklen Backsteinfassade ab: im obersten Geschoß die durchlaufende, überdachte Loggia, im mittleren die Fensterreihe mit gestelzten Bögen. Das Haus gehörte im 19. Jahrhundert dem Maler Ippolito Caffi.

LITERATUR: Lorenzetti 1963, S. 462.

14
Ca' Barzizza
12. - 13. Jahrhundert
San Polo 1172-1173, Campiello Barzizza
Anlegestelle San Silvestro

Auch in diesem mit der Fassade dem Canal Grande zugewandten Gebäude verdichten sich die interessanten Elemente in der Polyfore des ersten Stockwerkes und im verzierten Portal des Erdgeschosses; Die Art der Bögen mit spitzen Bogenrücken gehört nach Arslan in die zweite Phase der venezianisch-byzantinischen Profanarchitektur.

LITERATUR: Arslan 1970, S. 24.

15
Ca' da Mosto
13. Jahrhundert
Cannaregio 5628, Corte del Leon Bianco
Anlegestelle Ca' d'Oro

Das Gebäude diente lange Zeit als Gästehaus des Leon Bianco (daher der Ortsname) und es ist vielleicht das berühmteste unter den venezianisch-byzantinischen Gebäuden am Canal Grande. Außergewohnlich ist die gleichmäßige Reihe außen gespitzer Bögen, die die Polyfore des ersten Stockwerks krönen und die sich der Unregelmäßigkeit der unteren Arkade, die ursprünglich als Warenlager diente, entgegenzusetzen scheinen.

LITERATUR: Arslan 1970, S. 25; Zorzi-Marton 1989, S. 64 ff.

16
Ca' Lioni
13. Jahrhundert
Cannaregio, Campiello del Remer
Anlegestelle Ca' d'Oro oder Rialto

Immer noch erkennbar ist die Struktur des um einen Hof gruppierten Wohn- und Geschäftshauses; die Außentreppe führt zum Wohntrakt, der über den als Warenlager genutzten ›Gewölben‹ liegt. Die Spitzbögen künden von einem schon deutlich orientalischen Einfluß.

LITERATUR: Lorenzetti 1963, S. 395; Concina 1989, S. 42.

17
Palazzo Vitturi
13. Jahrhundert
Cannaregio 5246, Campo Santa Maria Formosa
Anlegestelle Rialto und San Zaccaria

Wie beim Palazzo Priuli a San Stae und bei anderen Beispielen derselben Periode zeigt die Hauptfassade hier stilistische Elemente, wie sie für den Wandel im späten 13. Jahrhundert typisch sind: beeinflußt von orientalischen und gotischen Formen, wird der Polyforenbogen nun auch innen spitz. Ruskin sprach von der letzten der ausgereiften Gotik vorausgehenden Phase.

LITERATUR: Arslan 1970, S. 31.

18
Palazzetto a San Lio
13. Jahrhundert
Castello 5691-5705, Salizzada San Lio
Anlegestelle Rialto

In diesem Falle handelt es sich nicht um ein großes, auf dem traditionellen Schema der Dreiteilung basierendes Kaufmannshaus. Hier gehört die schöne Polyfore mit spitzen und reich verzierten Bogenrücken, Beweis einer weitverzweigten Ausbreitung der byzantinischen Gestaltungsmuster, zu einem Gebäudekomplex einfachen Typs.

LITERATUR: Trincanato 1948, S. 127ff.

19
Palazzo Moro
13. Jahrhundert
San Marco 5309-5310, Campo San Bartolomeo
Anlegestelle Rialto

Die doppelte Reihe von Bogenfenstern erlaubt die Gegenüberstellung zweier Phasen der stilistischen Entwicklung: die Polyfore des ersten Geschosses aus dem 15. Jahrhundert besitzt tatsächlich Rundbögen, jene des Obergeschosses entspricht dem kielbogigen Typ und scheint den Formenkanon des 14. Jahrhunderts anzukündigen. Von einem gewissen Interesse ist die Balustrade mit Steinreliefs.

LITERATUR: Arslan 1970, S. 31.

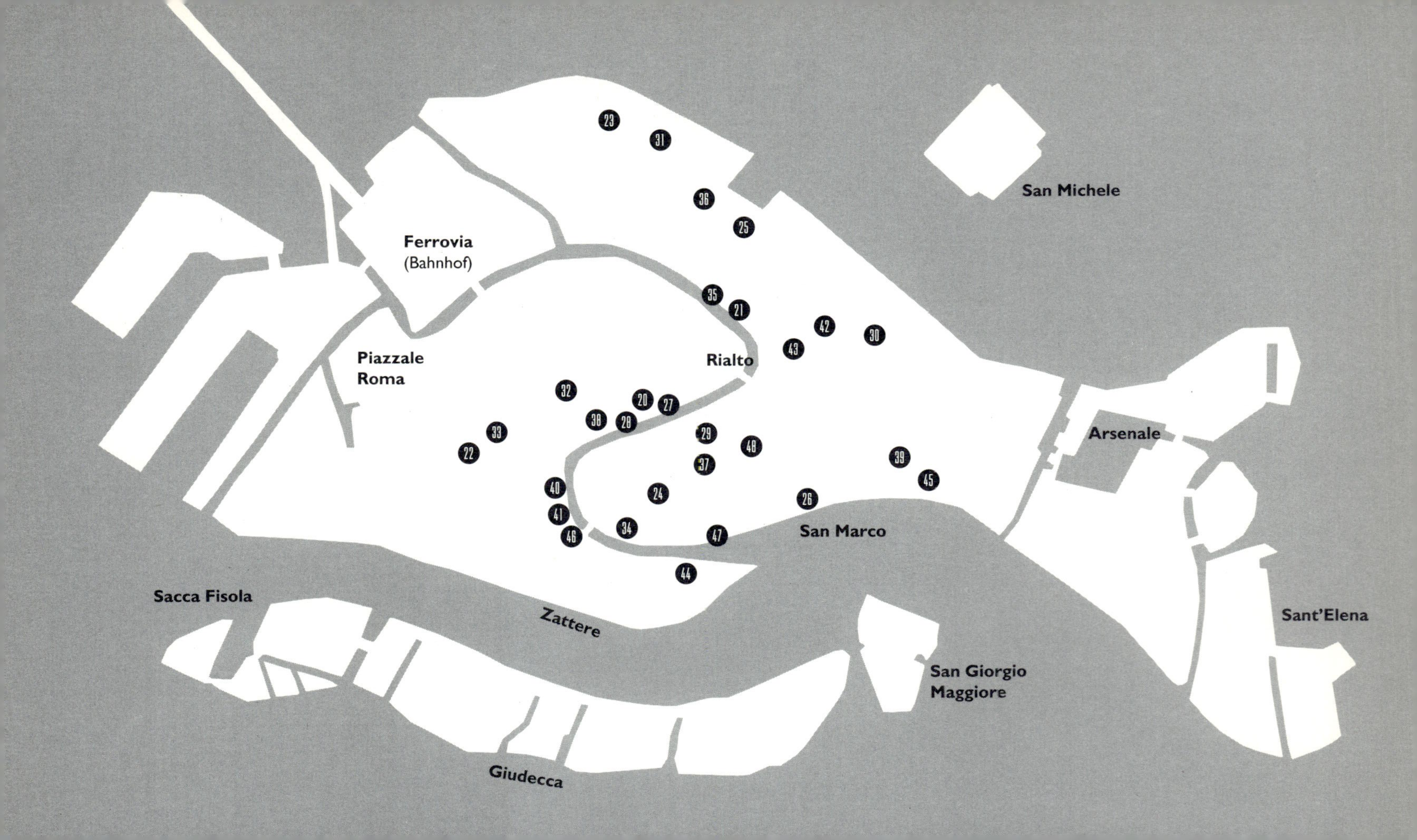
San Michele
Ferrovia
(Bahnhof)
Piazzale
Roma
Rialto
Arsenale
San Marco
Sacca Fisola
Zattere
Sant'Elena
San Giorgio
Maggiore
Giudecca
23
31
36
25
35
21
42
30
43
32
20
27
38
28
29
48
33
22
37
39
45
40
24
26
41
34
46
47
44

Das gotische und spätgotische Venedig

Es ist der Bereich der Profanarchitektur, in dem sich ein spezifischer Typ venezianischer Gotik herauszubilden scheint. Zunächst wird am Bau des Palazzo Ducale, dann an der Hauptfassade der Ca' d'Oro ein Stil kodifiziert, der seinen deutlichsten Ausdruck im Motiv der Maßwerkfenster findet, das heißt in einem geometrischen Geflecht geschwungener Linien in Bögen, Rosetten und Voluten, das die höchsten Anforderungen an die statischen Eigenschaften des Steines und die technisch-handwerklichen Fähigkeiten der Steinmetze stellt. Diese treten eben in dieser Zeit aus der Anonymität und so werden Namen bekannt wie Raverti, Bon, Dalle Masegne: alles Mitglieder von Baumeisterdynastien, die häufig aus der Lombardei stammten. Mit der Kielbogenpolyfore in der Mitte der Fassade findet das venezianische Haus eine Kristallisationsform, die seine dreiteilige Raumstruktur offenlegt: im Zentrum der oblonge Saal (pòrtego), mit der Schmalseite zur Hauptfassade orientiert; an den beiden Seiten eine Reihe von kleineren, untereinander verbundenen Räumen (torreselle). Auch die religiöse Architektur kommt gegen Mitte des 15. Jahrhunderts zu einem stilistischen und konstruktiven Formenkanon. In den großen Klosteranlagen, vor allem aber in den beiden gleichzeitig errichteten und sich sehr ähnlichen Bauten der Chiesa San Zanipolo und der Frari-Kirche, zeigt die venezianische Spätgotik eine starke Ausdrucksfähigkeit, die in der Lage ist, die charakteristischen Motive eines internationalen Stils an einem Ort zusammenzuführen.

20

Palazzo Soranzo a San Polo

14. - 15. Jahrhundert

San Polo 2170-2171, Campo San Polo

Anlegestelle San Silvestro oder San Tomà

Die Abfolge von Fassaden reflektiert deutlich die Stationen eines stilistischen Übergangs von Formen des 14. Jahrhunderts zu denen der Spätgotik. Die beiden mittelalterlichen Eingangsportale stehen in stilistischem Gegensatz zu den Polyforen des Obergeschosses; das Gebäude der Hausnummer 2169 ist gänzlich im Formenkanon des 15. Jahrhunderts errichtet.

LITERATUR: Maretto 1986, S. 137; Zorzi-Marton 1989, S. 126ff.

21

Palazzo Sagredo a Santa Sofia

14. Jahrhundert

Cannaregio 4199, Strada Nuova

Anlegestelle Ca' d'Oro

An der Fassade zum Canal Grande und jener zum Campo di Santa Sofia ist die Architektur des 14. Jahrhunderts noch gut sichtbar. Die byzantinischen Fenster sind hier umgewandelt in eine Abfolge spitzer Dreipaßbögen, die die Charakteristika der spätgotischen Polyfore vorwegnehmen. Die Innenräume wurden im Laufe des 18. Jahrhunderts erneuert.

LITERATUR: Arslan 1970, S. 134ff.; Zorzi-Marton 1989, S. 118ff.

22

Palazzo Arian Cicogna ai Carmini

14. Jahrhundert

Dorsoduro 2376, Fondamenta Briati

Anlegestelle Ca' Rezzonico oder San Basilio

In der Hexafore der Hauptfassade erscheint das erste Mal in der gotischen Architektur Venedigs das Maßwerkfenster, das am Palazzo Ducale seine höchste Ausprägung erfuhr; oberhalb der Spitzbogen zeigt sich ein feingliedriges Steinornament, das unzweifelhaft durch orientalische Vorbilder angeregt ist.

LITERATUR: Arslan 1970, S. 80ff.; Zorzi-Marton 1989, S. 122ff.

23
Chiesa di Sant'Alvise
14. Jahrhundert (1388 beendet)
Cannaregio 3282, Campo Sant'Alvise
Anlegestelle Sant'Alvise

Trotz der nachfolgenden Erneuerungen stellt die Kirche immer noch ein Beispiel gotischer Klosterarchitektur des 14. Jahrhunderts dar. Der nackten Backsteinfront (mit Okulus und Zentralportal) korrespondiert der einschiffige Innenraum mit Flachdecke. Hier befindet sich oberhalb des Einganges eines der ersten Beispiele für eine den Nonnen vorbehaltene Empore.

LITERATUR: Lorenzetti 1963, S. 409; Franzoi-Di Stefano 1976, S. 129ff.

24
Chiesa di Santo Stefano
14. Jahrhundert
San Marco 3825, Campo Santo Stefano
Anlegestelle Sant'Angelo oder Accademia oder San Samuele

Im 13. Jahrhundert von Eremiten gegründet, wurde die Kirche später nach Prinzipien einer vereinfachten Gotik neu errichtet: dreischiffig ohne Querschiff mit einfachen Marmorsäulen zur Stützung der hölzernen Schiffskieldecke. Unter den dekorativen Gestaltungen ist das Eingangsportal, ein Werk des Bartolomeo Bon, von einiger Bedeutung.

LITERATUR: Lorenzetti 1963, S. 502ff.; Franzoi-Di Stefano 1976, S. 333ff.

25
Scuola Vecchia della Misericordia
14. - 15. Jahrhundert
Cannaregio, Campo dell'Abbazia
Anlegestelle San Marcuola oder Ca' d'Oro

Die Ursprünge der Schule gehen auf das 14. Jahrhundert zurück, als die religiöse Bruderschaft gegründet wurde; das Gebäude hingegen stammt aus dem 15. Jahrhundert und ist zum großen Teil der Werkstatt der Bon zuzuschreiben. Die obere Abschlußlinie der Fassade setzt sich zusammen aus symmetrisch aufsteigenden, gebogenen und rechtwinkligen Formelementen. Eines der Seitenportale führt in einen 1508 eingerichteten öffentlichen Arkadengang.

LITERATUR: Howard 1975, S. 98 ff.

26
Palazzo Ducale (Dogenpalast)
14. - 15. Jahrhundert (1438 beendet)
Piazza San Marco

Anlegestelle San Marco oder San Zaccaria

Von dem ursprünglichen byzantinischen Gebäude, das die Partecipazio im 9. Jahrhundert errichten ließen, ist nichts erhalten. Das jetzige Gebäude ist das Ergebnis eines am Ende des 13. Jahrhunderts begonnenen Umbaus im Bereich des Sitzungssaales des Großen Rates, der erweitert werden sollte. Nach 1340 nimmt auf der dem Molo zugewandten Seite die charakteristische, horizontal in drei Zonen gegliederte Fassade Form an: oben die geschlossene Wand (dem Saal korrespondierend), in der Mitte die Kielbogengalerie mit vierblättrigem Maßwerk, unten leicht spitzbogige Arkaden auf robusten Säulen, die durch die Niveauanhebung der Piazza heute teilweise im Erdreich stecken. Die Überlieferung will in dem Steinmetz Filippo Calendario den Schöpfer ihres stilistischen und konstruktiven Schemas sehen, das nicht nur Symbol des gotischen Venedig werden sollte, sondern auch Vorbild für seine Profanarchitektur. Dies gilt in besonderem Maße für die mittlere Fensterzone, wo das geometrische Geflechtmotiv arabisch-islamischen Ursprungs mit Elementen der Lokaltradition verschmilzt. Dieser hybride Charakter sollte später John Ruskin und die romantischen Kunstkenner begeistern.

Ab 1424 wird unter der Herrschaft des Dogen Francesco Foscari, nach dem schon gewürdigten Muster, die zur Piazzetta weisende Seite fertiggestellt. Die der Renaissance unmittelbar vorausgehende Phase abschließend, besiegelt die Porta della Carta (1442) den spätgotischen Charakter des Palastes, wie er sich an den beiden Hauptfronten schon unwiderruflich herausgebildet hat. Von diesem Zeitpunkt an konzentriert sich die Aufmerksamkeit der Architekten, Steinmetze und Dekorateure auf den östlichen Flügel, auf den Hof und die Innenräume (vgl. Nr. 68).

LITERATUR: Mariacher 1950; Trincanato 1970; Bettini 1978, S. 59ff.

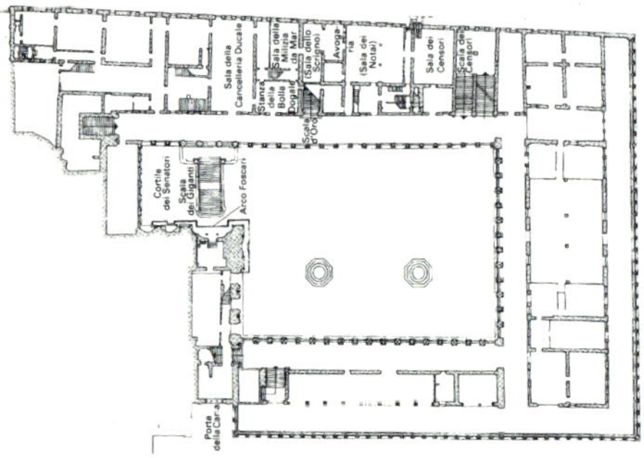

27

Palazzo Bernardo a San Polo

15. Jahrhundert

San Polo 2195, Calle del Scaleter

Anlegestelle San Silvestro oder San Tomà

Der Palazzo ist ein Beispiel der Architektur des 15. Jahrhunderts, das gebunden ist an eine Ordnungsstruktur, die sich zwischen dem Innenhof und dem Blick auf den Canal Grande entfaltet. Die Polyfore ist klar vom Palazzo Ducale beeinflußt: Wir finden hier die Verbindung von vierblättrigem Maßwerk und kielbogigen Fenstern.

LITERATUR: Arslan 1970, S. 146; Maretto 1986, S. 244.

28

Palazzo Pisani Moretta

15. Jahrhundert

San Polo 2766

Anlegestelle San Tomà

Dieser Palazzo ist ein weiteres Beispiel für die spätgotische Architektur am Canal Grande. Von besonderer Bedeutung sind die auf den Kanal blickenden Maßwerkfenster, die auch in diesem Fall vom Palazzo Ducale beeinflußt sind. Die Innenräume bieten ein geschlossenes Möbel- und Ausstattungsensemble des 18. Jahrhunderts.

LITERATUR: Maretto 1986, S. 150

29

Palazzo Pesaro degli Orfei

15. Jahrhundert

San Marco 3858, Campo San Beneto

Anlegestelle Sant' Angelo

Als einer der größten Palazzi Venedigs besitzt dieser auf drei Seiten bemerkenswerte spätgotische Fassaden; sein guter Erhaltungszustand und sein hohes Maß an stilistischer Kohärenz macht ihn zu einem der bedeutendsten seiner Art. Einst Wohnsitz des Künstlers Mariano Fortuny, beherbergt er heute die diesem gewidmete Stiftung.

LITERATUR: Arslan 1970, S. 253ff.; Zorzi-Marton 1989, S. 170ff.

30
Chiesa dei Santi Giovanni e Paolo (oder San Zanipolo)

14. - 15. Jahrhundert (1430 beendet)
Castello, Campo dei Santi Giovanni e Paolo

Anlegestelle Fondamente Nuove oder Ospedale

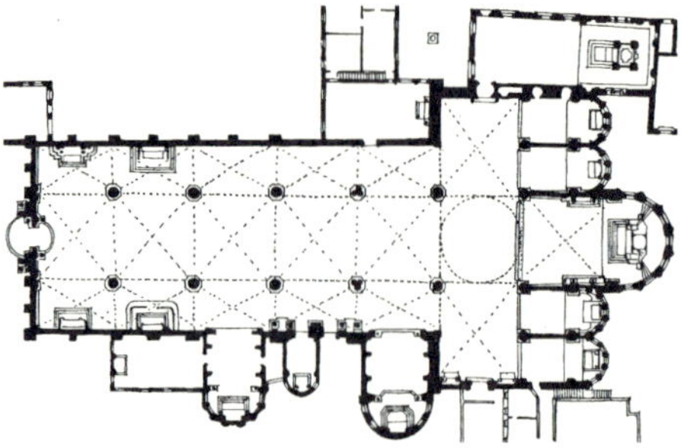

Aus dem 13. Jahrhundert stammend, später jedoch erneuert, stellt das große Dominikaner-Gotteshaus den vollendetsten Ausdruck der gotischen Sakralarchitektur dar. Die Kirche, Pantheon der venezianischen Republik, ist in Analogie zum zeitgleichen Bau der Frari-Kirche auf einem lateinischen Kreuz mit drei Längsschiffen und einem Querschiff errichtet. Polygonale Apsiden beschließen die Arme einer Anlage, die - vor allem im Innern - sehr vereinfacht scheint gegenüber dem Formenkanon der Spitzbogenarchitektur; die nur gering gespitzten Bögen und die Kreuzgewölbe lagern auf Steinpfeilern, die durch Holzanker miteinander verbunden sind (alles Elemente, die sich in der Frari-Kirche wiederfinden).

LITERATUR: Caccin 1964; Zava Boccazzi 1965; Franzoi-Di Stefano 1976, S. 424ff.

31
Chiesa della Madonna dell'Orto

14. - 15. Jahrhundert
Cannaregio, Campo Madonna dell'Orto

Anlegestelle Madonna dell'Orto

Mit einer gewissen Einschränkung kann die Kirche als dritte dem Typus der Frari-Kirche und der Kirche San Zanipolo zugerechnet werden; hier erscheinen in reduzierter Dimension und weiter vereinfacht die typischen Elemente der Sakralarchitektur des 14. und 15. Jahrhunderts (das Backsteinmauerwerk, die dreiteilige Struktur der Front und des Grundrisses).

LITERATUR: Lorenzetti 1963, S. 403ff.; Franzoi-Di Stefano 1976, S.132ff.

32
Chiesa di Santa Maria Gloriosa dei Frari

14. - 15. Jahrhundert (1433 beendet)
San Polo, Campo dei Frari

Anlegestelle San Tomà

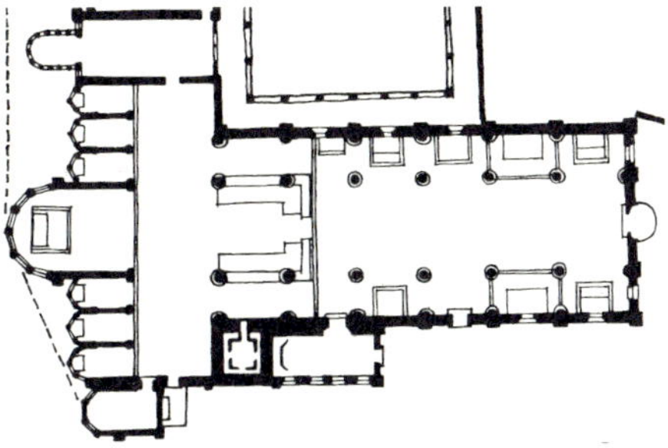

Im 13. Jahrhundert gegründet und nachfolgend erneuert, präsentiert sich die Franziskanerkirche heute als großes, vollständig in Backstein errichtetes Gebäude. Die dreiteilige Fassade besitzt in der Mitte eine große Rosette und einen vielgestaltigen oberen Abschluß; zudem ist sie durch kräftige Lisenen rhythmisiert, die auch an den Längsseiten des Gebäudes zu finden sind. Innen und außen, in Stil und Raumordnung, zeigt der Bau vereinfachte gotische Charakteristika, die jenen der zeitgleich errichteten Kirche von San Zanipolo völlig gleichen (analog handelt es sich um ein Pantheon zum Ruhme Venedigs). In dem riesigen ehemaligen Kloster, in dem sich der erste Innenhof im Stile des 17. Jahrhunderts findet, hat das Staatsarchiv seinen Sitz.

LITERATUR: Fogolari 1931; Sartori 1949; Franzoi-Di Stefano 1976, S. 33ff.

33
Chiesa dei Carmini

13. - 14. Jahrhundert (1348 beendet), im 16. Jahrhundert umgebaut
Dorsoduro, Campo dei Carmini

Anlegestelle Ca' Rezzonico oder San Basilio

Der große gotische Bau ist auf einem basilikalen Grundriß errichtet und besitzt wie die Kirche der Madonna dell'Orto kein Querschiff. Sowohl die polygonale Apsis als auch die Fassade mit ihren drei kreissegmentförmigen Giebeln gehören der Bauphase des 16. Jahrhunderts an. Das Kloster aus dem 14. Jahrhundert gehört heute zum Istituto d' Arte (Nr. 3116/a).

LITERATUR: Niero 1965; Franzoi-Di Stefano 1976, S. 177ff.

34

Palazzo Barbaro a Santo Stefano

15. Jahrhundert

San Marco 2840, Fondamenta Barbaro

Anlegestelle Accademia oder Santa Maria del Giglio

Wie der angrenzende Palazzo Cavalli Franchetti (im 19. Jahrhundert erneuert; vgl. Nr. 213) bietet das Gebäude auf seiner dem Canal Grande zugewandten Seite ein Beispiel der Spitzbogenarchitektur des frühen 15. Jahrhunderts, wie sie sich, vom Vorbild des Dogenpalastes ausgehend, in Venedig verbreitete.

LITERATUR: Arslan 1970, S. 235; Zorzi-Marton 1989, S. 222ff.

35

Ca' d'Oro

1421 - 1443

Cannaregio 3933, Calle della Ca' d'Oro

Anlegestelle Ca' d'Oro

Mit seinen polychromen Marmorintarsien, mit seinen Vergoldungen (inzwischen nur noch im Namen erhalten) erscheint die auf den Canal Grande blickende Fassade als prunkvolle, quasi virtuose Manifestation der spätesten venezianischen Gotik (gotico fiorito). An dem von Marino Contarini erbauten Palazzo arbeiteten Handwerker, die schon am Bau des Dogenpalastes beteiligt waren. Die Maßwerkkunst erreichte jedoch in diesem Falle in bezug auf technische Fertigkeit und dekorative Phantasie ihren Höhepunkt. Die Dekoration dient dazu, die traditionelle Struktur des Kaufmannshauses (man beachte die Eingangsloggia und den Innenhof) zu verkleiden. Seit 1927 beherbergt der Palazzo die Kunstsammlung der Galleria Franchetti.

LITERATUR: Lorenzetti 1963, S. 423, S. 637ff., Arslan 1970, S. 225 ff.

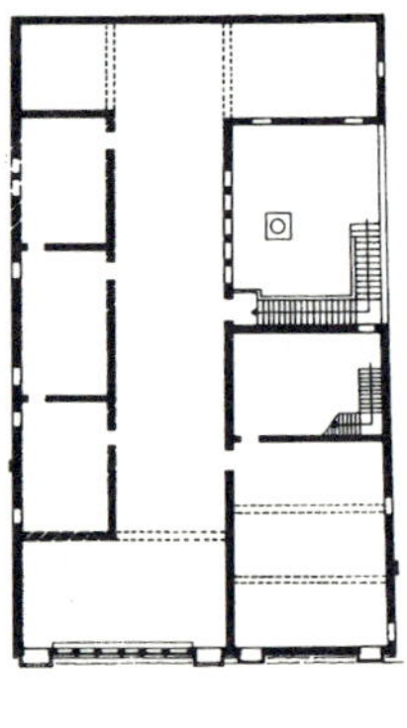

36
Palazzo Mastelli alla Misericordia
15. Jahrhundert
Cannaregio 3381, Campo dei Mori
Anlegestelle Madonna dell'Orto

Das Gebäude wird Palazzo del Cammello (Kamelpalast) genannt wegen des Hochreliefs rechts vom Balkon, das die ursprünglichen Besitzer, die del Levantes, darzustellen scheint. Sowohl von der Ca' d'Oro übernommene Motive als auch orientalische Reminiszenzen müssen die spitzbogige Loggia im Zentrum der Fassade beeinflußt haben.

LITERATUR: Lorenzetti 1963, S. 403; Zorzi-Marton 1989, S. 218ff.

37
Palazzo Duodo a Sant'Angelo
15. Jahrhundert
San Marco 3584, Campo Sant'Angelo
Anlegestelle Sant'Angelo

Dieses schöne Beispiel eines kleinen spätgotischen Palastes gehört in jene Gruppe profaner Bauten, die unbeeinflußt scheinen von den Vorbildern des frühen 15. Jahrhunderts: der Bau zeigt eine Reihe von Polyforen ohne Maßwerk mit Kielbogen auf einem gerahmten Marmorhintergrund. Gegenüber befindet sich das stilistische Pendant, der Palazzo Gritti (Nr. 3832).

LITERATUR: Lorenzetti 1963, S. 507.

38
Palazzo Centani a San Tomà
15. Jahrhundert
San Polo 2794, Calle dei Nomboli
Anlegestelle San Tomà

Die Fassade des Palazzo weist dem Palazzo Duodo analoge Merkmale auf. Im Innern besitzt er einen schönen Hof mit einer zweirampigen Freitreppe. Hier wurde 1707 der Komödienschriftsteller Carlo Goldoni geboren; seit 1952 beherbergt der Palazzo ein ihm gewidmetes Museum, das dem Istituto di Studi Teatrali angeschlossen ist.

LITERATUR: Lorenzetti 1963, S. 575; Zorzi-Marton 1989, S. 206ff.

39
Palazzo Priuli a San Severo
15. Jahrhundert
Castello 4979, Rio di San Severo und Rio di San Provolo
Anlegestelle San Zaccaria

Abgesehen von der spätgotischen Gesamtgestaltung, in der die typischen Elemente in vereinfachter Form erscheinen, weist die dem Rio zugewandte Fassade (einst von Palma il Vecchio mit Fresken bemalt) ein außergewöhnliches Eckmotiv mit Zwillingsfenster und Balkon auf; John Ruskin analysiert und beschreibt es in seinem Buch *The Stones of Venice* (1853) als typisch für die venezianische Kunst.

LITERATUR: Lorenzetti 1963, S. 320.

40
Ca' Foscari
15. Jahrhundert (1452 begonnen)
Dorsoduro 3246, Calle Foscari
Anlegestelle San Tomà oder Ca' Rezzonico

Zusammen mit dem angrenzenden Palazzo Giustinian, einem Doppelgebäude, bildet die Ca' Foscari ein einziges homogenes architektonisches Kontinuum spätgotischer Prägung; die dem Canal Grande zugewandte Fassadenfolge stellt die definitive Festschreibung des Typs mit übereinanderliegenden Polyforen dar. In den unteren Reihen findet sich eine Serie mit schwach zugespitzten Dreipaßbögen, in den oberen die typischen Elemente des venezianischen Maßwerks, wie sie schon am Dogenpalast und an der Ca' d'Oro in Anwendung kamen. Über der gotischen oberen Polyfore erscheint ein reliefiertes Marmorband mit geflügelten Putten und heraldischen Motiven: klare Ankündigung der bevorstehenden Renaissance. Seit 1867 beherbergt das Gebäude die nach ihm benannte Universität.

LITERATUR: Lorenzetti 1963, S. 624ff.; Zorzi-Marton 1989, S. 164 ff.

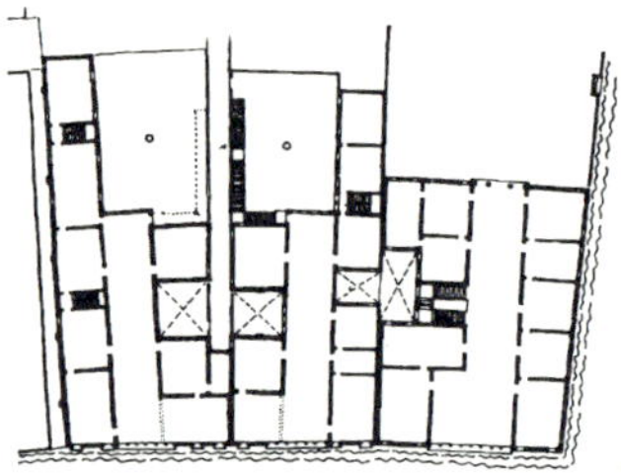

41
Palazzo Loredan dell'Ambasciatore
Zweite Hälfte des 15. Jahrhunderts
Dorsoduro 1262/a, Ramo dell' Ambasciatore
Anlegestelle Ca' Rezzonico oder Accademia

Das Gebäude, ehemals Sitz der österreichischen Botschaft, zeigt in reduzierter Form diesselben Stilkomponenten wie die gleichaltrige Ca' Foscari: In der Tat weist die Fassade am Canal Grande neben den spätgotischen Polyforen auch Marmornischen mit skulpturalen Motiven der Vorrenaissance auf.

LITERATUR: Lorenzetti 1963, S. 622; Lieberman 1982, Tafel 13.

42
Palazzo van Axel
1473 - 1479
Cannaregio 6099, Fondamenta Sanudo
Anlegestelle Rialto oder Ospedale

Der Palazzo ist eines der Hauptwerke spätgotischer Architektur, wie an den beiden Fassaden mit großen vierteiligen Fensterloggien sichtbar wird. Bemerkenswert sind auch die beiden Innenhöfe mit ihren Freitreppen. In Verbindung mit dem Blick auf den benachbarten Rio della Panada bietet das Eingangsportal eine der berühmtesten Veduten Venedigs.

LITERATUR: Arslan 1970, S. 252ff.; Zorzi-Marton 1989, S. 212ff.

43
Palazzo Bragadin Carabba a Santa Marina
15. Jahrhundert
Cannaregio 6050, Rio di San Lio
Anlegestelle Rialto

An der dem Haupteingang (mit einem schönen Portal aus dem 16. Jahrhundert) gegenüberliegenden Gebäudeseite blickt die Fassade auf den Rio dei Miracoli; neben den Elementen des spätgotischen Formenrepertoires finden sich hier Ansätze zu neuen Dekorationsformen, wie die skulptierten Köpfe in den Bogenscheiteln, die schon die Kunst der Renaissance ankündigen.

LITERATUR: Lorenzetti 1963, S. 358.

44

Ehemalige Chiesa di San Gregorio

15. Jahrhundert

Dorsoduro, Campo dell'Abbazia

Anlegestelle Salute

Die Kirche war Teil einer Benediktinerabtei des 9. Jahrhunderts (der Kreuzgang aus dem 14. Jahrhundert ist heute in das Privatgebäude mit der Nr. 172 integriert). Auf den Campo blickt die dreigeteilte Front mit großer Rosette, zum Rio della Salute weist die polygonale Apsis, nach dem Vorbild der Chiesa della Carità erbaut und durch hohe Doppelfenster rhythmisiert.

LITERATUR: Lorenzetti 1963, S. 535ff.; Franzoi-Di Stefano 1976, S. 234ff.

45

Chiesa di San Giovanni in Bragora

15. Jahrhundert

Castello, Campo Bandiera e Moro

Anlegestelle San Zaccaria

Seit dem 8. Jahrhundert wurde die Kirche einige Male neu errichtet. Bis heute hat sich eine Fassade erhalten, wie sie für die venezianische Spätgotik typisch ist: zwei seitliche Halbbögen flankieren einen mächtigen Mittelbogen. (Dieses Motiv wurde dann in den Fassaden des Codussi weiterverarbeitet.) Im Innern ist die Nahtstelle zwischen dem 1479 beendeten gotischen Bau und dem nach 1490 in Vorrenaissanceformen ausgeführten Presbyterium deutlich sichtbar.

LITERATUR: Lorenzetti 1963, S. 295ff.; Franzoi-Di Stefano 1976, S. 491ff.

46

Ehemalige Chiesa della Carità

15. Jahrhundert (von Bartolomeo Bon 1441-1452 fertiggestellt)

Dorsoduro 1049-1050, Campo della Carità

Anlegestelle Accademia

Zusammen mit der Scuola della Carità und dem ehemaligen Kloster gehört die Kirche zum Komplex der Accademia di Belle Arti (vgl. Nr. 194). Erhalten haben sich die Außenmauern aus Backstein, die dreibogige Hauptfassade und eine Bekrönung der Längsseiten durch kleine Hängearkaden. Gleich neben der Kirche befindet sich der Eingang zur Scuola mit leichtem Spitzbogen, Nischen und Tabernakeln.

LITERATUR: Lorenzetti 1963, S. 650ff.; Franzoi-Di Stefano 1976, S. 216ff.

47

Palazzetto Contarini Fasan

15. Jahrhundert (1475 beendet)

San Marco 2307, Campiello Contarini

Anlegestelle San Marco

Der kleine Palast stellt ein ausgefeiltes Beispiel des *gotico fiorito* dar und wird auch, dank einer in Erinnerung gebliebenen romantischen Legende, Casa di Desdemona genannt. In seinen reduzierten Maßen entspricht er einem jener niederen Türme, an denen während des Mittelalters die Ketten zur Schließung des Canal Grande eingehängt wurden.

LITERATUR: Lorenzetti 1963, S. 617.

48

Palazzo Contarini del Bovolo

15. Jahrhundert (1499 beendet)

San Marco 4299, Calle della Vida

Anlegestelle Sant'Angelo oder Rialto

Wenn die dem Rio zugewandte Front eines der vielen Beispiele spätgotischer Architektur darstellt, so weist die rückwärtige Fassade recht originelle Merkmale auf: Eine in einen runden Turm eingeschriebene Wendeltreppe fügt sich an eine fünfstöckige Arkatur. Die den Treppenlauf rhythmisierenden Bögen, die auf den einzelnen Stufen aufsitzen, verkomplizieren noch die Verbindung beider Baukörper. Das ›nicht nach den Regeln der Kunst‹ konzipierte Werk wird dem Baumeister Giovanni Candi zugeschrieben. Jedenfalls traf das Gebäude das allgemeine Empfinden derart, daß der venezianische Begriff *bovolo* (Schnecke) nicht nur dem Haus, sondern auch der Familie ihren Namen gab. Der Palazzo, heute Sitz der Uffici per la Legge Speciale, beherbergt eine in städtischem Besitz befindliche Sammlung von Gemälden des 17. und 18. Jahrhunderts.

LITERATUR: Lieberman 1982, Tafel 56; Mc Andrew 1983, S. 30.

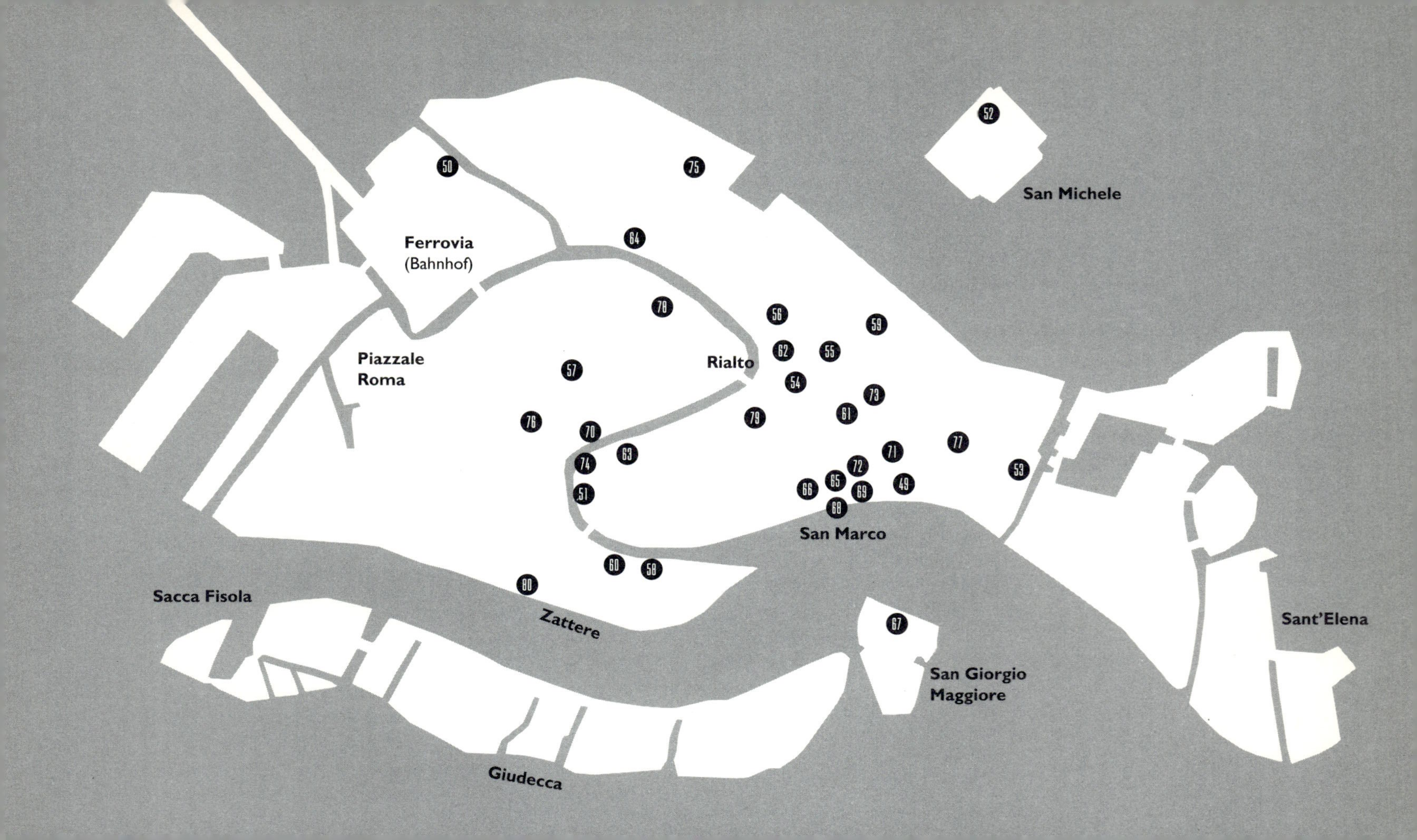
San Michele
52
50
75
Ferrovia
(Bahnhof)
64
78
56
59
Piazzale
Roma
57
Rialto
62
55
54
73
76
79
61
70
63
74
71
77
72
53
65
49
66
69
51
68
San Marco
60
58
80
Sacca Fisola
Zattere
67
Sant'Elena
San Giorgio
Maggiore
Giudecca

Das Venedig der Frührenaissance

Auch die Architektur der zweiten Hälfte des 15. Jahrhunderts ist Steinmetzen und Baumeistern (das heißt Bauhütten) zuzuschreiben, die zum größten Teil aus jenen lombardischen Tälern kamen, die Venedig eben zu dieser Zeit unter seine territoriale Herrschaft brachte. Die Bon, die Lombardo und selbst Codussi sind einer konstruktiven und dekorativen Tradition verpflichtet, die sich noch am Ende des 15. Jahrhunderts in spätgotischen Formen äußerte. Es scheint, daß diese Formensprache in Kooexistenz trat zu den ersten Zeichen der neuen Architektur, die man über humanistische Kreise vermittelt bekam oder direkt auf der Baustelle der Basilica del Santo in Padua kennenlernte. Das gotische Maßwerk der Fassade der Ca' Foscari datiert einige Jahre nach der Porta dell'Arsenale (1460), dem ersten Beispiel der venezianischen Renaissancearchitektur. Der Technik lombardischen Ursprungs verpflichtet, stellen die Verwendung polychromen Marmors und die Fertigkeit in der Intarsienkunst eine Verbindung her zwischen gleichzeitigen, stilistisch jedoch gegensätzlichen Bauten: zwischen der Kirche der Frari und der Kirche San Zaccaria, zwischen der Ca' d'Oro und dem Palazzo Dario. Für eine gewisse Zeit noch fungierte die Lokaltradition als Filter jener neuen architektonischen Gestaltungsmuster, die in anderen Teilen Italiens schon gegen Ende des 15. Jahrhunderts voll ausgebildet waren. Um diese Übergangsphase zu beschreiben, hat die Kunstwissenschaft den Begriff der ›arte veneziana del primo Rinascimento‹ (venezianische Kunst der Frührenaissance) geprägt.

49
Chiesa di San Zaccaria
1444 - 1500
Antonio Gambello und Mauro Codussi
Castello, Campo San Zaccaria
Anlegestelle San Zaccaria

Im 9. Jahrhundert gegründet, stand die Kirche lange Zeit unter der Protektion der Dogen, denen sie als Grabeskirche diente. Das jetzige eindrucksvolle Bauwerk - Zeugnis eines jähen Stilwandels - ist das Ergebnis zweier verschiedener baulicher Eingriffe: der erste wurde vor 1480 im spätgotischen Stil vorgenommen, der zweite, spätere folgt den Gestaltungsprinzipien der Vorrenaissance. Die erste, von Gambello entworfene Kirche dokumentiert sich in der Cappella San Tarasio (ursprünglich die Apsis), im hohen Sockelgeschoß der Fassade und generell im Hang zur Vertikalität. Über all dies legte Codussi eine sich in die Breite entwickelnde Arkatur, gekrönt von kreissegmentförmigen Giebeln. Im Innenraum sind die Renaissancesäulen auf achteckige Sockel gesetzt, die als Basen der gotischen Pilaster konzipiert waren.

LITERATUR: Puppi-Olivato 1977, S. 50, S. 190ff.; Mc Andrew 1983, S. 39, S. 257ff.

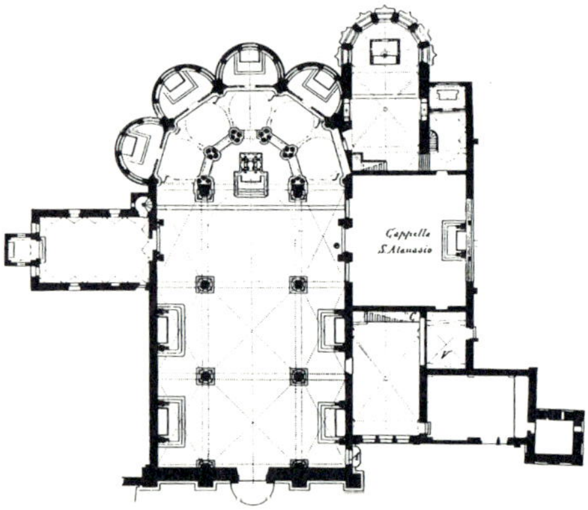

50
Chiesa di San Giobbe
1450 -1493
Antonio Gambello und Pietro Lombardo
Cannaregio, Campo San Giobbe
Anlegestelle Tre Archi

Die Kirche wurde unter der Leitung von Antonio Gambello im spitzbogigen Stil begonnen und dann von Pietro Lombardo im Formenkanon der Frührenaissance weitergebaut. Im Unterschied zum angrenzenden Kloster nimmt die Kirche dadurch die Gestalt eines Gebäudes im Übergangsstil an. Besonders deutlich wird dies am Kontrast zwischen dem Langhaus und dem Presbyterium, zwischen dem Portal des Lombardo und der Backsteinfassade.

LITERATUR: Lorenzetti 1963, S. 446 ff., Mc Andrew 1983, S. 137ff.

51
Ca' del Duca
1461 - 1465
San Marco 3052, Corte del Duca
Anlegestelle San Samuele

Von dem gigantischen Gebäude, das für Francesco Sforza, den Herzog von Mailand, bestimmt war, wurde lediglich der Sockel aus diamantförmig bossiertem Mauerwerk mit Ecksäulen realisiert. Diese vom Canal Grande aus sichtbaren Elemente waren Teil eines gewaltigen, Filarete zugeschriebenen Entwurfes.

LITERATUR: Lieberman 1982, Tafel 57; Mc Andrew 1983, S. 28ff.

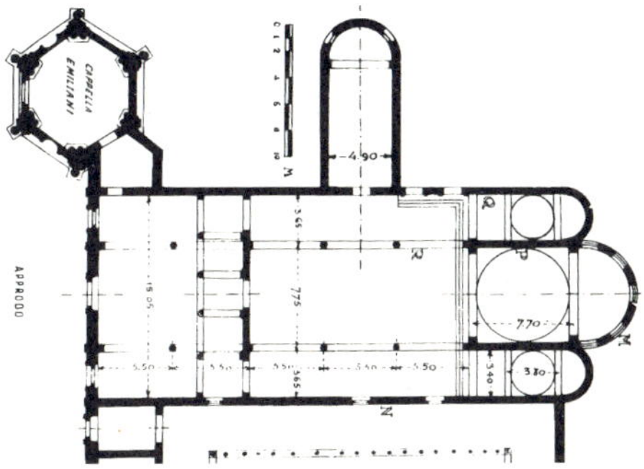

52
Chiesa di San Michele in Isola
1469 -1478
Mauro Codussi
Isola di San Michele
Anlegestelle Cimitero

Mit seinem hellen Mauerwerk aus istrischem Kalkstein ist das Gebäude der Prototyp der sogenannten Codussi-Kirche, wie sie sich dann in Venedig und seinen Besitzungen ausbreitete. Dies gilt vor allem für die dreigeteilte Fassade mit halbkreisförmigem Tympanon, zentralem Rundfenster und kreissegmentförmigen Seitengiebeln. Der Innenraum präsentiert sich als Weiterentwicklung des dreischiffigen Klosterkirchentyps; die Vorhalle ist vom Hauptbaukörper getrennt durch die den Mönchen vorbehaltene Empore. Neben der Fassade erhebt sich der sechseckige Bau der Cappella Emiliani, die von Guglielmo Bergamasco um das Jahr 1530 errichtet wurde. Auf der gegenüberliegenden Seite befindet sich der Kreuzgang aus dem 15. Jahrhundert, durch den man auf den im 19. Jahrhundert angelegten städtischen Friedhof gelangt (vgl. Nr. 214).

LITERATUR: Puppi-Olivato 1977, S. 177ff.; Mc Andrew 1983, S. 231ff.

53

Porta Magna all'Arsenale

1460

Castello, Campo dell'Arsenale

Anlegestelle Arsenale

Der Triumphbogen wurde unter dem Dogen Pasquale Malipiero nach dem Vorbild des Arco dei Sergi in Pola errichtet. Er stellt das erste, vollständig in der neuen klassischen Formensprache errichtete Bauwerk dar. Seine Existenz verdankt das Tor einem Programm zur Flottenverstärkung, das nach 1457 unter der Bedrohung durch die türkische Expansionspolitik auf den Weg gebracht wurde und das in der Hauptsache unmittelbar nach dem Fall Konstantinopels zur Ausführung gelangte. Einen neuen, wichtigen Impuls erhielt der Arsenalbau wieder nach 1473, als weitere acht Hektar der Lagune einbezogen wurden, um Docks und Liegeplätze für achtzig Galeeren zu schaffen (das sogenannte Arsenal Novissimo).

LITERATUR: Concina 1984/b, S. 51ff., S. 71ff.

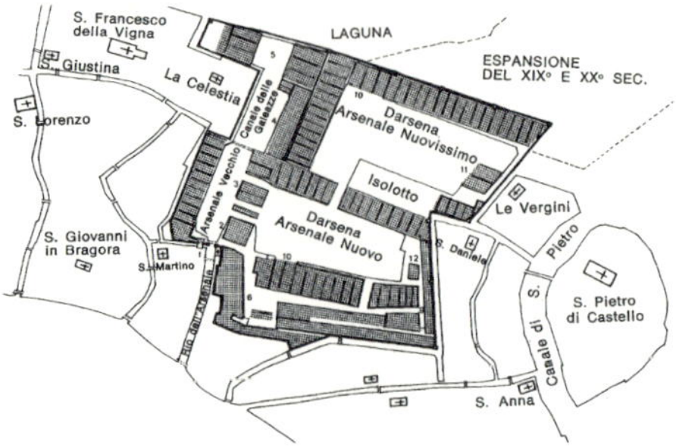

54

Cappella Gussoni / Chiesa di San Lio

Um 1480

Pietro und Tullio Lombardo

Castello, Campo San Lio

Anlegestelle Rialto

›Antiquarische‹ Geschmacksmuster prägen die Kapelle, die von den Lombardo im Anschluß an ihre Tätigkeit am Bau der Basilica del Santo in Padua, wo sie mit der neuen Kunst in Berührung kamen, errichtet wurde. In den selben Jahren entstand - in Stil und Auffassung analog konzipiert - am nahegelegenen Rio della Fava (Nr. 5527) die Fassade des Palazzo der Familie Lombardo.

LITERATUR: Lorenzetti 1963, S. 327ff.; Mc Andrew 1983, S. 51.

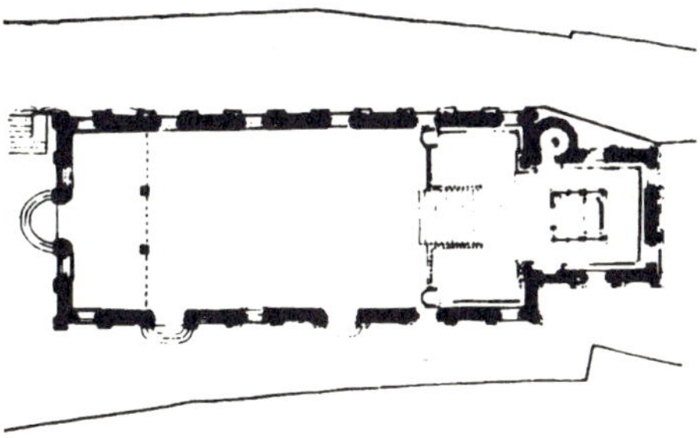

55

Chiesa di Santa Maria dei Miracoli

1481 - 1494

Pietro Lombardo

Cannaregio, Campo dei Miracoli

Anlegestelle Rialto

Die Lombardo konzipierten die Votivkirche für ein wundertätiges Marienbild in elementaren Formen. Ein überkuppelter Zylinder (das Presbyterium) schließt sich einem rechteckigen, tonnengewölbten Baukörper (dem Raum für die Laien) an. Die polychromen Marmorinkrustationen stehen als kostbare dekorative Ausstattung in spannungsvollem Verhältnis zu den beiden Baukörpern. Ohne Zweifel sind sowohl die inneren als auch die äußeren Marmorverkleidungen mit einem außerordentlichen Maß an Fertigkeit und Phantasie ausgewählt, geschnitten und eingelegt. Ihr Anblick mag bewirkt haben, daß einige Betrachter übermäßig ins Schwärmen kamen und vom »Juwel der venezianischen Renaissance« sprachen.

LITERATUR: Semenzato 1964; Mc Andrew 1983, S. 152ff.

56

Cappella Corner / Chiesa dei Santi Apostoli

1483 -1499

Mauro Codussi

Cannaregio, Campo dei Santi Apostoli

Anlegestelle Ca' d'Oro

Von der umfassenden Neugestaltung der Kirche im 15. Jahrhundert ist als einziges nennenswertes Element diese für die Familie der zypriotischen Königin Caterina Cornara erbaute Kapelle erhalten geblieben. Den Innenraum dominiert eine auf vier Ecksäulen lagernde Kuppel, die Außenform erscheint als Quader mit aufgesetzter Halbkugel.

LITERATUR: Puppi-Olivato 1977, S. 230ff.

57
Scuola di San Giovanni Evangelista
1454 - 1512
Pietro Lombardo und Mauro Codussi
San Polo 2454, Campiello della Scuola
Anlegestelle San Tomà

Zu Beginn des 14. Jahrhunderts zog die Bruderschaft des Evangelisten Johannes in diese Gegend, möglicherweise in die Nähe eines Asyls der Badoer. Erst in der Mitte des 15. Jahrhunderts gelang es ihr, sich angrenzend an die Chiesa di San Giovanni Evangelista ein eigenes Haus zu bauen. Nach 1454 nahm die seitliche Fassade mit spitzbogigen Fenstern Form an; dann, zwischen 1475 und 1481, stellte das Gewölbe des Pietro Lombardo, des Meisters der charakteristischen Marmorinkrustation, durch die Verbindung der gegenüberliegenden Fronten einen homogenen Raum her. Der Tätigkeit Codussis (ab 1498) ist das Portal zuzuschreiben sowie die Treppenanlage im Innern, die in den großen Saal führt. Dieser erhielt erst im 18. Jahrhundert seine endgültige Gestalt.

LITERATUR: Pignatti 1981, S. 41ff.; Mc Andrew 1983, S. 146ff.

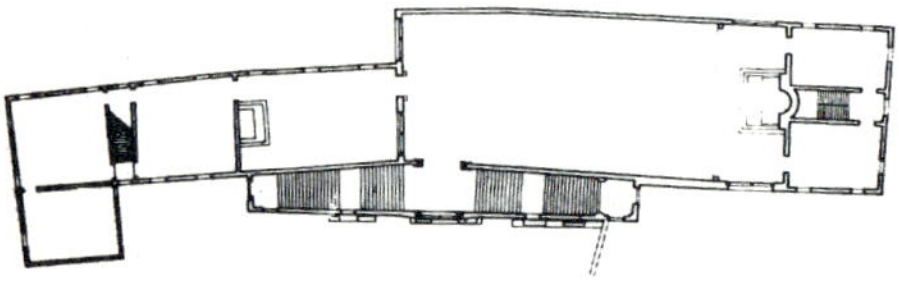

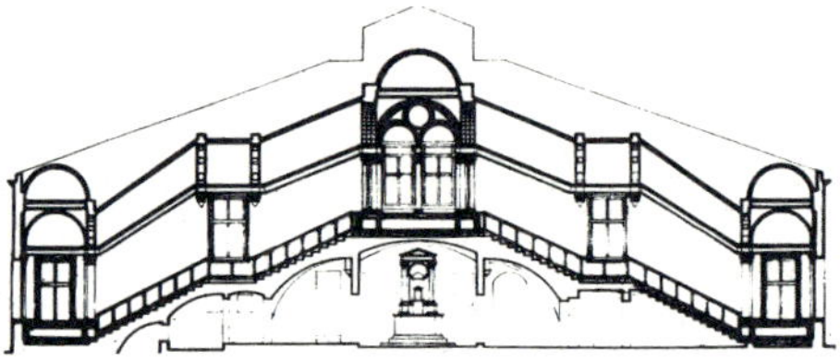

58
Palazzo Dario
1487 -1492
Dorsoduro 352, Campiello Barbaro
Anlegestelle Salute

Mc Andrew nannte den Palazzo »untypisch«; tatsächlich scheint er in seiner Gesamtheit dem traditionellen Lokalstil verbunden, während die Details der Renaissance angehören. Das Werk ist dem Kreis der Lombardo zuzuschreiben, aus dem die Meister der polychromen Marmorinkrustation hervorgingen. Die Gartenfront ist spätgotisch.

LITERATUR: Lieberman 1982, Tafel 16; Mc Andrew 1983, S. 213.

59
Scuola Grande di San Marco
1485 - 1495
Pietro Lombardo und Mauro Codussi
Castello 6778, Campo dei Santi Giovanni e Paolo
Anlegestelle Fondamente Nuove oder Ospedale

Das Bauwerk wurde unter der Leitung Pietro Lombardos begonnen, aber schon 1490 ging die Bauleitung an Mauro Codussi über; die vielleicht von der Arkatur San Marcos inspirierte, mehrgieblige Krönung der Hauptfassade ist seine Erfindung. Dagegen ist ihre untere Zone das Werk Lombardos, dessen Phantasie und dekoratives Geschick hier wiedererkennbar ist. In ihrem asymmetrischen Aufbau spiegelt die Fassade die innere Gebäudestruktur: rechts befindet sich der Wohntrakt, links der große Saal (oder die Kapelle). Durch das Eingangsportal (Giovanni Buora zugeschrieben) gelangt man heute in das staatliche Krankenhaus, dessen Stationen in den Kreuzgängen des ehemaligen Dominikanerklosters liegen.

LITERATUR: Puppi-Olivato 1977, S. 196ff., Pignatti 1981, S. 129ff.

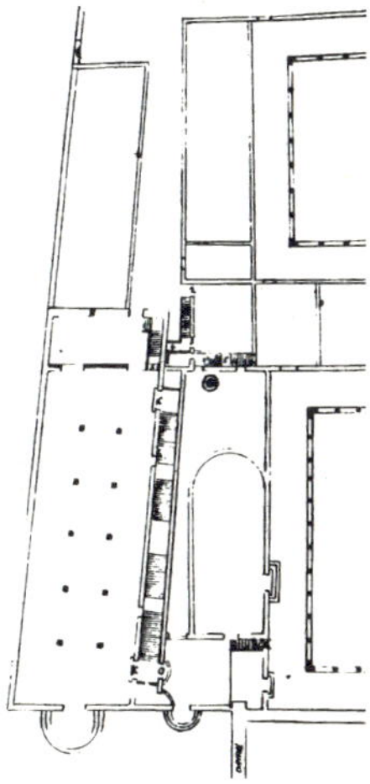

60
Palazzo Contarini Dal Zaffo a San Vio
Um 1490
Dorsoduro 875, Calle Rota
Anlegestelle Accademia

Das Gebäude erfuhr verschiedene Zuschreibungen (Codussi, Pietro Lombardo, Buora). An der auf den Canal Grande blickenden Front fallen die beiden rundbogigen Pentaforen ins Auge. Die von Ruskin gerühmten Dekorationen und polychromen Verkleidungen erscheinen hier in wesentlich ausgewogenerer Form als an anderen Bauten des späten 15. Jahrhunderts im Lombardo-Stil.

LITERATUR: Bassi 1976, S. 94ff.; Puppi-Olivato 1977, S. 236ff.

61
Chiesa di Santa Maria Formosa
1492 und 1604 (Fassade)
Mauro Codussi
Castello, Campo Santa Maria Formosa
Anlegestelle Rialto oder San Zaccaria

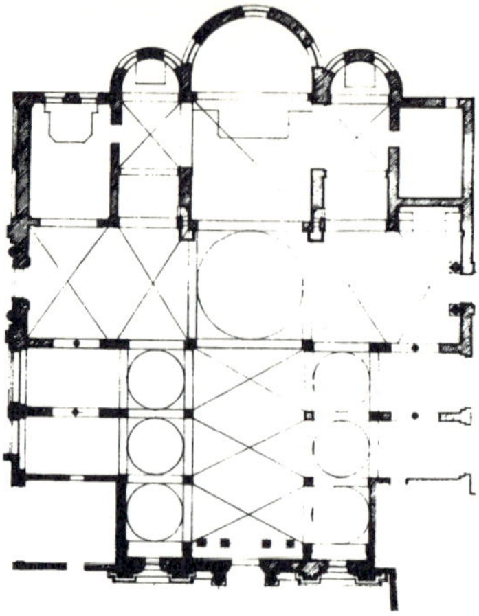

Durch die Klarheit in Konzeption und Form ist diese Kirche unter den von Codussi gebauten vielleicht diejenige, die sich am weitesten den aus Mittelitalien stammenden architektonischen Vorbildern annähert. Man gewahrt diese Tatsache vor allem im Innern, wo die Strukturelemente durch Rippen verdeutlicht werden. Der Grundriß in der Form des lateinischen Kreuzes dürfte auf einen mittelalterlichen Bau zurückgehen (der Überlieferung nach soll die Kirche im 7. Jahrhundert gegründet worden sein). Weniger einheitlich sind die Außenfronten, die fast ganz sichtbar sind, da die Kirche nach allen Seiten hin frei steht. Aus dem 16. Jahrhundert ist die Fassade am Rio: Sie wurde wohl nach einem Entwurf Codussis ausgeführt. Dagegen gehen die zum Campo weisenden Seiten und der Glockenturm auf das Jahr 1604 zurück.

LITERATUR: Puppi-Olivato 1977, S. 206ff.; Mc Andrew 1983, S. 269 ff.

62
Chiesa di San Giovanni Crisostomo
1497 - 1504
Mauro Codussi
Cannaregio, Salizzada San Giovanni Crisostomo
Anlegestelle Rialto

In Putzmauerwerk und nicht in Stein realisierte Codussi hier seine typische dreiteilige Fassade; im Innern, das dem Schema eines griechischen Kreuzes mit zentraler Kuppel folgt, verwirklichte er ein Strukturmodell, das auf den, in der Chiesa di Santa Maria Formosa erprobten, einfachen Konstruktionsprinzipien beruht. Von den kahlen Wänden heben sich die kostbaren Dekorationen der Kapellen ab.

LITERATUR: Puppi-Olivato 1977, S. 215ff.; Mc Andrew 1983, S. 287ff.

63

Palazzo Corner Spinelli

Um 1490

Mauro Codussi

San Marco 3877, Campiello del Teatro

Anlegestelle Sant'Angelo

In der dem Canal Grande zugewandten Fassade ist von Codussi ein Gestaltungsschema in Anwendung gebracht, das auf der doppelgeschossigen Wiederholung eines spezifischen Doppelfenstertyps beruht. Unter Zufügung eines blinden Okulus überspannt ein Rundbogen die beiden Öffnungen. Das Motiv scheint den Versuch zu unternehmen, Elemente der Spätgotik und der Renaissance in Einklang zu bringen.

LITERATUR: Puppi-Olivato 1977, S. 203ff.; Gemin-Pedrocco 1990.

64

Palazzo Vendramin Calergi

Zwischen 1481 und 1509

Mauro Codussi

Cannaregio 2040, Campiello Vendramin

Anlegestelle San Marcuola

An diesem, zum Canal Grande orientierten Gebäude bringt Codussi das schon für den Palazzo Corner Spinelli erarbeitete Gestaltungsschema verfeinert und in erweitertem Umfang zur Anwendung. In doppelter Ordnung angelegt, werden die Zwillingsfensterreihen von einzelnen wie doppelten Halbsäulen rhythmisiert und in kräftig konturierte Wandzonen eingebettet. In diesem späten Werk demonstriert Codussi eine beachtliche Kenntnis der klassischen Formensprache. Im Gegensatz zu anderen Protagonisten der venezianischen Frührenaissance entfernt er sich hierdurch von seiner Herkunft als Architekt. Der Palazzo wurde nach 1504 von den Lombardo und im frühen 17. Jahrhundert von Scammozzi weitergebaut und vollendet. In seinen prunkvollen Sälen beherbergt er den Wintersitz des städtischen Kasinos.

LITERATUR: Mariacher 1965; Puppi-Olivato 1977, S. 221ff.

65
Torre dell'Orologio
1496 - 1506
Mauro Codussi und Pietro Lombardo
Piazza San Marco 147
Anlegestelle San Marco oder San Zaccaria

Über dem großen Bogen, der in die Straße der Mercerie führt, erhebt sich der von Codussi gebaute Turm, ein ausgewogenes Ensemble verschiedener, äußerst markanter Elemente: die mechanische Uhr, die Nische mit der Statue der Heiligen Jungfrau, der Markuslöwe, die Glocke der Mori. Die beiden Seitenflügel wurden anschließend unter der Leitung von Pietro Lombardo errichtet.

LITERATUR: Puppi-Olivato 1977, S. 208ff.; Mc Andrew 1983, S. 355ff.

66
Procuratie Vecchie
1500 - 1532
Piazza San Marco, Nordseite
Anlegestelle San Marco oder San Zaccaria

In Anlehnung an die venezianisch-byzantinische Tradition ist hier ein Prototyp definiert: eine doppelte Ordnung von Rundbogenöffnungen ist über ein 50bogiges Arkadengeschoß für Werkstätten und Geschäfte gesetzt. Mit seiner Länge von 152 Metern schließt das Gebäude die Nordseite der Piazza. Man neigt heute dazu, die ältere Zuschreibung an Codussi zugunsten Scarpagninos aufzugeben.

LITERATUR: Puppi-Olivato 1977, S. 211ff.

67
Dormitorium des Convento Benedettino di San Giorgio Maggiore
1496 - 1507
Guglielmo Buora
Isola di San Giorgio
Anlegestelle San Giorgio

Das Dormitorium gehört zum ältesten Teil der Klosteranlage (vgl. Nr. 113 - 114) und schließt den Cortile degli Allori nach Osten ab. Es wird auch ›manica lunga‹ (langer Ärmel) genannt, da es sich, hinter der Kirche, über mehr als 120 Meter erstreckt. Der lange rechteckige Bau besitzt an seiner nördlichen Stirnseite, zur Riva degli Schiavoni hin, eine kleine Fassade mit drei halbkreisförmigen Giebeln.

LITERATUR: Lieberman 1982, Tafel 78; Mc Andrew 1983, S. 459ff.

68

Ostflügel des Palazzo Ducale

1483 - 1498

Antonio Rizzo

Piazza San Marco

Anlegestelle San Marco oder San Zaccaria

Nach dem Brand von 1483 wurde dem Bildhauer Antonio Rizzo die Erneuerung dieses zwischen dem Rio und dem großen Innenhof gelegenen Traktes übertragen. Hier befanden sich der Sitz des Magistrats und die Wohnräume des Dogen. Auf der Innenseite setzte Rizzo über das spätgotische Sockelgeschoß eine Fassade mit zwei übereinanderliegende Reihen von Bogenfenstern unterschiedlicher Höhe. Die vielfarbige Marmordekoration schufen die Lombardo nach 1498. Ebenfalls von Rizzo ist die strengere, auf den Rio blickende Fassade. Als Zugang zu den Loggien im ersten Stock wurde die Scala dei Giganti geschaffen, die, auf einer Achse mit dem dekorativen Arco Foscari (1471), eine Art Via Triumphalis für das zeremonielle Geleit der Dogen bildete. Jenseits dieser Treppe befindet sich der kleine Cortile dei Senatori, dessen Wandgestaltungen von Spavento und Scarpagnino konzipiert wurden.

LITERATUR: Mc Andrew 1983, S. 91ff.; Franzoi 1990, S. 64ff.

69

Sacrestia Marciana und Cappella di San Teodoro

1486 - 1491

Giorgio Spavento

Piazza San Marco

Anlegestelle San Marco oder San Zaccaria

Die Sakristei stellt sich dar als Schlußelement der Apsis (von San Marco), liegt also zwischen dem Dogenpalast und dem Palast der Patriarchen. Spavento konzipierte sie als unabhängiges Gebäude mit auf hohen Widerlagern ruhenden Deckengewölben. Daneben befindet sich die Kapelle, ein einfacher Saalbau mit apsidialem Abschluß.

LITERATUR: Franzoi-Di Stefano 1976, S. 311; Mc Andrew 1983, S. 400ff.

70
Palazzo Grimani a San Polo
Um 1500
San Polo 2033, Ramo Grimani
Anlegestelle San Tomà

Der dem Canal Grande zugewandte Prospekt bietet sich dar als ein bedeutendes Beispiel der Architektur im Stile der späten Lombardo: Von einem monochromen Grund heben sich im Erdgeschoß die tympanongeschmückten Fenster ab, in den beiden oberen Geschossen werden die Triforen von Bogenfenstern flankiert.

LITERATUR: Bassi 1976, S. 418ff.

71
Palazzo Zorzi a San Severo
Um 1500
Mauro Codussi
Castello 4930, Salizzada Zorzi
Anlegestelle San Zaccaria

Der von kraftvoller Originalität geprägte Palazzo ist eines der letzten Werke Codussis. Insbesondere die lange Fassade am Rio di San Severo ist horizontal betont durch einige Streifen istrischen Kalksteins, die ihrerseits von Ballustraden und Medaillons unterbrochen werden. Bedeutsam sind außerdem das Eingangsportal und der Zugang zum Brunnen im weitläufigen Innenhof.

LITERATUR: Bassi 1976, S. 558ff.; Mc Andrew 1983, S. 303ff.

72
Palazzo Trevisan Cappello
Um 1500
Castello 4330, Ponte della Canonica
Anlegestelle San Zaccaria

Das Gebäude wurde von einigen den Lombardo, von anderen Bartolomeo Bon zugeschrieben. Seine Außengestaltung weist das gewohnte Formenrepertoire der Vorrenaissance auf, etwa die rundbogigen Polyforen und die Marmorinkrustationen. Der Grundriß läßt - hinter einer einzigen Fassade - zwei voneinander unabhängige Wohntrakte erkennen.

LITERATUR: Angelini 1961, S. 37ff.; Bassi 1976, S. 242ff.

73
Palazzo Malipiero Trevisan
Um 1510
Castello 5250, Campo Santa Maria Formosa
Anlegestelle Rialto oder San Zaccaria

Dieser Bau im späten Lombardo-Stil wird dem Kreis um Lombardo (von einigen Sante Lombardo) zugeschrieben. Die zum Campo weisende Fassade entfaltet sich in einer symmetrischen Ordnung, deren Ausgangspunkt die beiden zentralen viergliedrigen Fensterloggien sind. Hier, wie in anderen analogen Fällen, herrschen die Bogenfenster mit zierlichen Pilastern vor.

LITERATUR: Bassi 1976, S. 493ff.; Puppi-Olivato 1977, S. 240ff.

74
Palazzo Contarini dalle Figure
Nach 1504
San Marco 3327, Calle Mocenigo
Anlegestelle San Samuele

Der üblicherweise Scarpagnino zugeschriebene Palazzo weist zum Canal Grande hin eine Fassade auf, die nur teilweise der Tradition der Lombardo folgt: Über der Polyfore des ersten Stockes erscheint ein langgestreckter Tympanon und an den beiden Seiten Wappenschilder im Relief. Der Besitzer Jacopo Contarini beherbergte hier lange Zeit Andrea Palladio.

LITERATUR: Bassi 1976, S. 382ff.

75
Palazzo Michiel alla Madonna dell'Orto
Nach 1503
Giovanni Buora
Cannaregio 3218, Fondamenta della Sensa
Anlegestelle Madonna dell'Orto

An diesem Gebäude, vor allem an der Fassade zum Rio, werden die Merkmale der Renaissancearchitektur deutlich sichtbar: Das Hauptgeschoß ist hervorgehoben durch Fenster mit speziellen Architraven und durch vorgelagerte Ecklisenen. Die Steinverkleidung beschränkt sich auf das Erdgeschoß, während die oberen Geschosse verputzt sind.

LITERATUR: Bassi 1976, S. 444ff.

76
Chiesa und Scuoletta di San Rocco
1489 - 1508
Bartolomeo Bon
San Polo, Campo San Rocco
Anlegestelle San Tomà

Die von Scalfarotto im 18. Jahrhundert vorgenommene Erneuerung hat den einschiffigen Innenraum der Kirche nur teilweise verändert. Vor allem in der Altarzone und den Apsiskapellen zeigt sich ein bemerkenswertes Repertoire an Dekorationsformen, wie sie für die Wende vom 15. zum 16. Jahrhundert typisch sind. Ihre monumentale Fassade (1765 -1771) steht im Kontrast zu der zurückhaltenden Einfachkeit der Scuoletta (an der linken Seite).

LITERATUR: Angelini 1961, S. 37ff.; Mc Andrew 1983, S. 468ff.

77
Scuola di San Giorgio degli Schiavoni
Nach 1500
Castello 3253, Calle dei Furlani
Anlegestelle Arsenale

Das Gebäude der Dalmatinerkommunität ist vor allem wegen des Gemäldezyklus von Carpaccio bekannt. Im Innern jedoch bewahrte es durch seine Zweiteilung in Saal und Wohntrakt die Eigenheiten einer kleinen Schule des 15. Jahrhunderts. Die schöne dreiteilige Fassade (von Giovanni De Zan, um 1550) ist orientiert an der von Sansovino geschaffenen Fassade der zerstörten Kirche San Geminiano.

LITERATUR: Pignatti 1981, S. 99ff.

78
Chiesa di Santa Maria Mater Domini
1502 - 1540
Santa Croce, Campo Santa Maria Mater Domini
Anlegestelle San Stae

Hinsichtlich der Zuschreibung dieses kleinen und eleganten Bauwerks fielen bisher die Namen Buora und Sansovino (letzterer für die Fassade). In die Bauform des griechischen Kreuzes mit Kuppel über der Vierung sind Elemente des 15. und 16. Jahrhunderts eingeflossen, die sowohl lokalen Vorbildern (der byzantinische Kubus), als auch Beispielen einer importierten Renaissance verpflichtet sind.

LITERATUR: Tramontin 1962; Franzoi-Di Stefano 1976, S. 60ff.

79

Chiesa di San Salvador

1507 - 1534

Giorgio Spavento und Tullio Lombardo

San Marco, Merceria und Campo San Salvador

Anlegestelle Rialto

Nach der Überlieferung ist diese eine der drei ältesten Kirchen der Stadt (7. Jahrhundert). Bei ihrem Neubau auf Gebäuderesten aus dem 12. Jahrhundert beabsichtigte Spavento eine Rückbindung an die Tradition und wandte einen byzantinischen Bautypus an, bei dem, wie in San Marco, Kuppeln und Gewölbe einander abwechseln. Nach 1520 vollendete Tullio Lombardo die Langhausschiffe; als letzter wirkte Sansovino an diesem Bau, der die Formspezifika der Hochrenaissance schon in sich aufgenommen hatte. Im Innersten der Stadt gelegen, ist die Kirche von der umgebenden Bebauung eingeschlossen; einzige Ausnahme ist die Fassade zum Campo, die 1663 von Giuseppe Sardi im Barockstil erneuert wurde. Zwischen der Kirche und dem Rio befinden sich die beiden Höfe des angegliederten Klosters.

LITERATUR: Mc Andrew 1983, S. 419ff.; Tafuri 1985, S. 24ff.; Concina 1988.

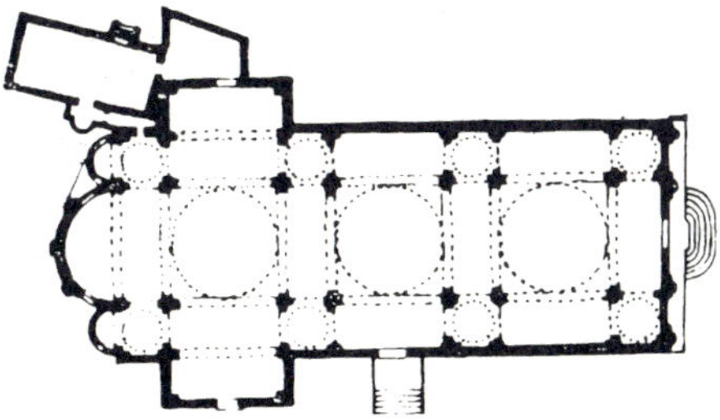

80

Chiesa di Santa Maria della Visitazione

1494 - 1524

Dorsoduro, Zattere ai Gesuati

Anlegestelle Zattere

Das Gebäude, die Erneuerung eines Oratoriums aus dem frühen 15. Jahrhundert, zeigt Stilelemente in der Tradition der Lombardo, die auf den Kreis um Codussi verweisen (in dieser Hinsicht ist vor allem das Portal zu beachten). Im Innern - zugänglich von der Berufsschule aus, zu der die Kirche heute gehört - führt ein Triumphbogen in das Presbyterium mit blinder Kuppel.

LITERATUR: Lorenzetti 1963, S. 527ff.; Franzoi-Di Stefano 1976, S. 207.

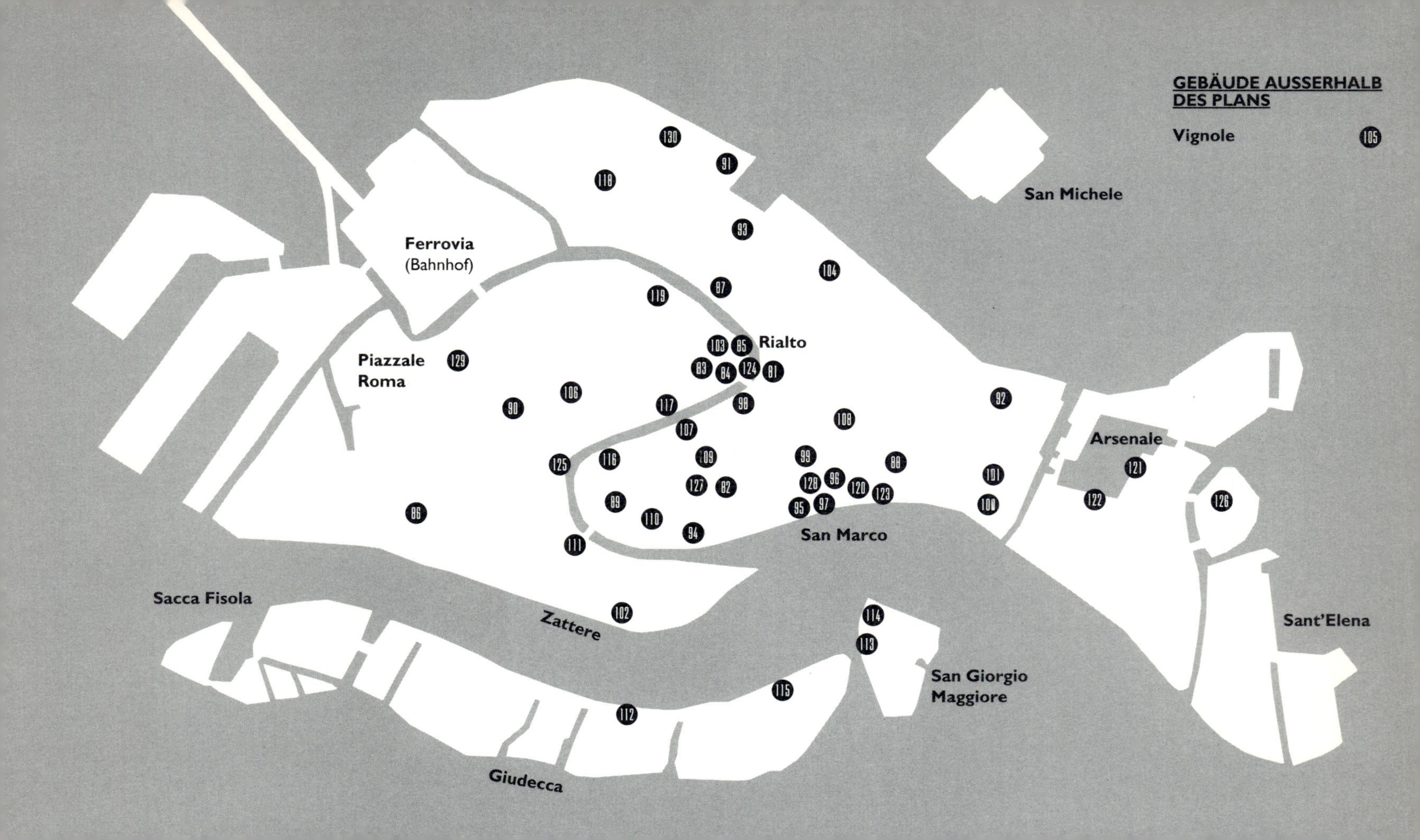
GEBÄUDE AUSSERHALB DES PLANS
Vignole 105
San Michele
Ferrovia
(Bahnhof)
Piazzale
Roma
Rialto
Arsenale
San Marco
Sacca Fisola
Zattere
San Giorgio
Maggiore
Sant'Elena
Giudecca
130
91
118
93
104
87
119
103
85
83
84
124
81
129
106
90
117
98
108
92
107
125
116
109
99
88
101
121
128
96
120
123
127
82
89
95
97
100
122
126
86
110
94
111
102
114
113
115
112

Venedig im 16. Jahrhundert

Ein großer Teil der bedeutendsten Leistungen aus dieser Zeit konzentriert sich in einigen wenigen Stadtgebieten und steht im Zusammenhang mit deren architektonischer und funktionaler Umgestaltung. Wichtig zu nennen sind hier das von Scarpagnino erneuerte Marktviertel des Rialto, das Produktionsareal des Arsenals und schließlich der Ort der höchsten Repräsentativität: die Piazza San Marco.

Protagonist der Umgestaltung der Piazza San Marco ist Sansovino. 1527 aus Rom gekommen, nimmt er in Venedig sofort die Stellung des ersten Architekten im modernen Sinne ein: kein innerhalb einer Bauhütte großgewordener Experte, sondern ein Intellektueller, der sich beim Studium der klassischen Vorbilder gebildet hat. Die Zecca, die Loggetta, die Libreria Marciana (und nachfolgend die Procurazie Nuove) stellen die ersten Manifestationen einer ausgereiften Renaissance dar, die in der Lagunenstadt verspätet und unter einigen Schwierigkeiten zutage tritt. Von einer Verspätung kann im Vergleich nicht nur mit Florenz und Rom, sondern auch mit Mailand oder Padua gesprochen werden; von den Schwierigkeiten zeugen die abgebrochenen Projekte Sansovinos und Palladios, zu denen auch die Entwürfe für die Rialtobrücke gehören.

Das zeitlich späteste unter den großen architektonischen Ereignissen der venezianischen Renaissance ist die Erneuerung des benediktinischen Gebäudekomplexes, der sich auf der Isola di San Giorgio erhebt und ein optisches Gegengewicht zu den Bauten am Markusplatz bildet. Sein Schöpfer sollte Andrea Palladio sein, ein wahrer Baumeister.

81
Fondaco dei Tedeschi
1505 - 1508
Giorgio Spavento und Scarpagnino
San Marco 5342, Salizzada del Fontego
Anlegestelle Rialto

Der massive Viereckblock, einst den deutschen Händlern und ihren Waren vorbehalten, wurde in Folge eines Brandes neu aufgebaut. Seit 1939 als Hauptpost genutzt, erhielt sich dennoch seine ursprüngliche Struktur: das Gebäude orientiert sich zum Innenhof, der von vier Arkadenwänden umschlossen ist. Die auf den Canal Grande weisende Fassade war ursprünglich mit Fresken von Giorgione bemalt.

LITERATUR: Brunetti-Dazzi 1941; Mc Andrew 1983, S. 405ff.

82
Chiesa di San Fantin
1507 - 1564
Sebastiano da Lugano und Scarpagnino
San Marco, Campo San Fantin
Anlegestelle Santa Maria del Giglio oder San Marco

Bei dieser, dank der testamentarischen Stiftung des Kardinals Zeno erbauten Kirche wurde das architektonische Schema der Kirche von San Salvador übernommen, wenn auch in vereinfachter Form und mit drei Kreuzgewölben an Stelle der drei Kuppeln. Lediglich das Presbyterium, ein späterer Anbau, einige schrieben ihn Sansovino zu, ist überkuppelt.

LITERATUR: Franzoi-Di Stefano 1976, S. 322ff.; Vio 1977.

83
Chiesa di San Giovanni Elemosinario
1527 - 1539
Scarpagnino
San Polo, Ruga Rialto
Anlegestelle San Silvestro oder Rialto

Die Kirche, von der angrenzenden Bebauung eingeschlossen, ist Teil der Umgestaltung des Rialtogebietes. Scarpagnino plante sie in der Form eines Quadrates, in das eine Zentralkuppel auf Pendentifs und vier tonnengewölbte Arme eingeschrieben sind. Wie in der Kirche San Salvador verdankt sich das architektonische Grundmuster den byzantinischen Vorbildern, insbesondere dem San Marcos.

LITERATUR: Calabi-Morachiello 1985; Calabi 1987, S. 100ff.

84

Fabbriche Vecchie di Rialto

1520 - 1522

Scarpagnino

San Polo, Markt von Rialto

Anlegestelle San Silvestro oder Rialto

Mit Ausnahme der Kirche San Giacometto wurden beim Brand vom Januar 1514 alle Gebäude des Marktes von Rialto zerstört. Wenige Monate später wurde aus den sieben vorliegenden Plänen der Entwurf Scarpagninos ausgewählt, der die frühere Bebauungsstruktur beibehielt.

Einer vereinfachten, klassischen Formensprache verpflichtet, projektiert der Entwurf einen homogenen Baukomplex, reguliert durch gleiche Höhe aller Gebäude, vereinheitlicht durch die Kontinuität der Arkaden und der Gesimse. Auf der Erdgeschoßebene schafft die Gliederung der Baukörper Räume für spezifische Aktivitäten: Erbaria (Obst- und Gemüsemarkt), Pescaria (Fischmarkt), Portico del Bancogiro, Drapperia (Tuchmarkt). In den oberen Stockwerken befinden sich die Verwaltungsräume, insbesondere die Magistraturen.

LITERATUR: Calabi-Morachiello 1984; Calabi 1987, S. 61ff.

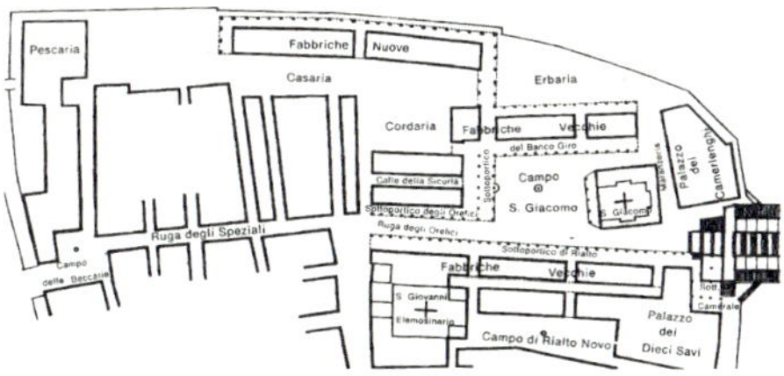

85

Palazzo dei Camerlenghi

1525 - 1528

Scarpagnino

San Polo, am Fuß der Rialtobrücke

Anlegestelle San Silvestro oder Rialto

Quasi als Abschluß der Erneuerung des Rialto wurden mit diesem leuchtend weißen Gebäude aus istrischem Kalkstein drei schon zuvor existente Funktionen in eine einheitliche Form gebracht: Gefängnis, Loggia der Kaufleute und Sitz der Camerlenghi, beziehungsweise der Schatzmeister der Republik. Der Palast, heute Sitz des Rechnungshofes, sollte zum Zentrum des Marktviertels und der zugehörigen Verwaltung werden.

LITERATUR: Calabi-Morachiello 1984, S. 306ff.

86
Chiesa di San Sebastiano
1505 - 1548
Scarpagnino
Dorsoduro, Campo San Sebastiano
Anlegestelle San Basilio

Diese Kirche, die vor allem wegen des Freskenzyklus von Veronese (1555 - 1565) bekannt ist, zeichnet eine klare Flächen- und Raumkonzeption aus: sowohl die Decke als auch die Wände sind in Felder und Flächen gegliedert; die Raumstruktur folgt dem Schema des lateinischen Kreuzes mit nur einem Schiff und einem überkuppelten Presbyterium. Auffallend ist die Empore über der Vorhalle.

LITERATUR: Franzoi-Di Stefano 1976, S. 182ff.

87
Chiesa di San Felice
Nach 1530
Cannaregio, Strada Nuova
Anlegestelle San Marcuola oder Ca' d'Oro

Das Gebäude kann einem der Hüttenmeister aus dem Umkreis Codussis oder der Lombardo zugeschrieben werden (man vermutet Sante); die Raumgliederung folgt dem ›Kubus‹-Schema von San Marco, das schon bei anderen Kirchenbauten des 15. und 16. Jahrhunderts Anwendung fand. Die Form des Baukörpers ist in der Tat die eines Quaders, in den ein griechisches Kreuz und eine halbkugelförmige Kuppel eingeschrieben sind.

LITERATUR: Franzoi-Di Stefano 1976, S. 144ff.

88
Chiesa di San Giorgio dei Greci
1539 - 1561
Sante Lombardo und andere
Castello, Rio dei Greci
Anlegestelle San Zaccaria

Die orthodoxe Kirche gehört in eine Gruppe von Gebäuden, die die Serenissima (die Stadt Venedig) der griechischen Gemeinde zuerkannte. Bemerkenswert sind die dreiteilige Fassade und der Grundriß: nur ein einschiffiges Langhaus mit einer Kuppel in der Mitte und einer Empore am einen Ende sowie einem durch eine Ikonostase abgetrennten Presbyterium am anderen Ende (vgl. Nr. 152).

LITERATUR: Franzoi-Di Stefano 1976, S. 479ff.

89
Palazzo Loredan a Santo Stefano
Nach 1536
Scarpagnino
San Marco 2945, Campo Santo Stefano
Anlegestelle San Samuele oder Accademia

Die maßvolle Architektur der zum Campo gekehrten Front läßt nichts ahnen von der Pracht des sich in die Höhe und die gesamte Tiefe des Baukörpers entwickelnden Atriums, das mit einer großen mehrrampigen Treppe ausgestattet ist. Der Palazzo, heute Sitz des Istituto Veneto di Scienze, Lettere e Arti, wurde 1618 von Giovanni Grapiglia vollendet. Er schuf auch die Fassade im Stil Scamozzis an der Schmalseite.

LITERATUR: Bassi 1976, S. 255ff.; Albertini 1985.

90
Scuola Grande di San Rocco
1515 - 1560
Bartolomeo Bon, Scarpagnino und Sante Lombardo
San Polo 3054, Campo San Rocco
Anlegestelle San Tomà

Verschiedene Baumeister lösen sich ab in der Leitung dieses Baues im Besitz der Bruderschaft von San Rocco. Von Bon (1515 - 1524) stammt das Grundschema der rechteckigen, vom Treppenhaus umschlossenen Aula und das untere Geschoß mit den Zwillingsfenstern im Stile Codussis. Lombardo (1524 - 1527) schuf die zum Rio gekehrte Fassade, während Scarpagnino (1527 - 1549) die dem Campo zugewandte Front mit einer Doppelreihe korinthischer Säulen versah - möglicherweise eine Übernahme von Teilen des Entwurfs Sansovinos für die Scuola Grande della Misericordia. Ihm wird auch die Treppe zugeschrieben, die die beiden Säle verbindet, in denen sich der Gemäldezyklus Tintorettos befindet.

LITERATUR: Pignatti 1981, S. 151ff.; Tafuri 1985, S. 125ff.

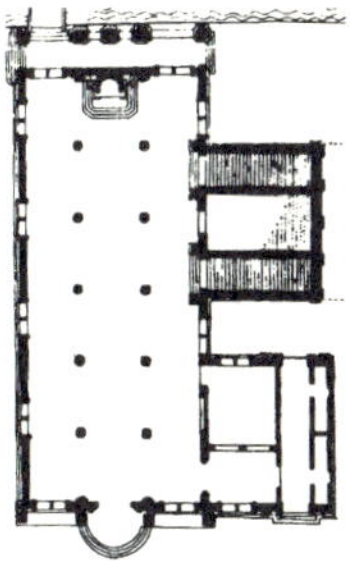

91
Palazzo Contarini dal Zaffo alla Misericordia
1530 - 1540
Cannaregio 3539, Fondamenta Contarini
Anlegestelle Madonna dell'Orto

Der Palast wurde im Auftrag des Kardinals Gaspare Contarini erbaut, einer Schlüsselfigur des politischen Lebens in der ersten Hälfte des 16. Jahrhunderts. Hinter dem Gebäude befinden sich die Gärten, die - von der Familie Johnston Anfang dieses Jahrhunderts restauriert - in Teilen die Charakteristika eines venezianischen Gartens des 16. Jahrhunderts behielten. Im hinteren Teil, zur Lagune hin, steht das Casino degli Spiriti, Begegnungsort für Künstler und Literaten.

LITERATUR: Brusatin 1988, S. 211ff.; Cunico 1989, S. 130ff.

92
Chiesa di San Francesco della Vigna
1530 - 1572
Sansovino und Andrea Palladio
Castello, Campo San Francesco della Vigna
Anlegestelle Celestia

Dies ist das erste von Sansovino in Venedig ausgeführte Projekt, das erste Beispiel einer mit den Prinzipien der Hochrenaissance übereinstimmenden Architektur. In der Konzeption spiegeln sich sowohl die Architekturprinzipien der Antike als auch das neoplatonische Programm des Priors Francesco Zorzi, des Verfassers einer Studie über harmonische Proportionen. Die Zentralkuppel wurde eliminiert, die Seitenschiffe in Kapellen transformiert, das Presbyterium verlängert. In ihrer nüchternen Essentialität sind die Einzelteile der Kirche durch Proportionsbeziehungen miteinander verbunden, die auf der Zahl Drei beruhen (so entspricht die Breite des Schiffes einem Drittel seiner Länge). Die Fassade hingegen entstand nach 1568 nach Plänen Palladios.

LITERATUR: Wittkower 1964, S. 102ff.; Foscari-Tafuri 1983.

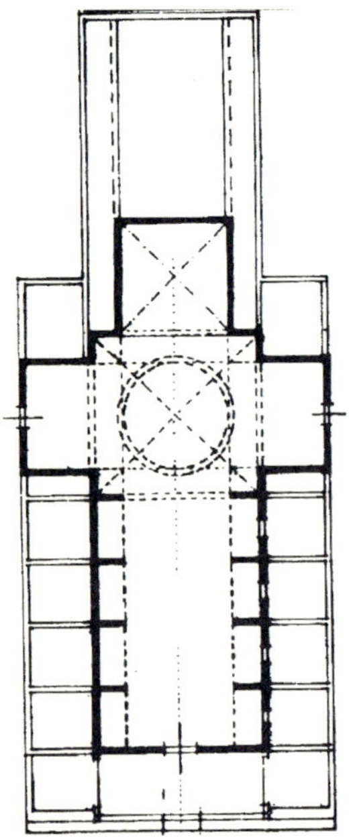

93
Scuola Grande della Misericordia
1535 - 1583
Sansovino
Cannaregio 3555, Fondamenta dell'Abbazia
Anlegestelle San Marcuola oder Ca' d'Oro

In seiner Unvollendetheit zeugt das große Gebäude Sansovinos von den Schwierigkeiten, die sich im Venedig des 16. Jahrhunderts einer vollen Entfaltung der neuen Architektur entgegenstellten. Abgelehnt wurden nicht nur die Aufrisse, sondern auch die von Sansovino vorgeschlagenen Deckengewölbe. Sansovino stieg 1544 aus dem Unternehmen aus.

LITERATUR: Tafuri 1985, S. 143ff.

94
Palazzo Corner a San Maurizio
1532 - 1561
Sansovino
San Marco 2661, Fondamenta Corner
Anlegestelle Santa Maria del Giglio

Der große, dem Canal Grande zugekehrte Prospekt stellt die erste, aufsehenerregende Manifestation des Neuen Stils in seiner reinsten Form dar. Nur wenige Jahre zuvor war ein analoger Entwurf abgelehnt worden, den Sansovino für eine andere papsttreue Familie, die Grimani, gemacht hatte. Trotzdem plante Sansovino auch dieses Gebäude als einen authentischen Palazzo ›alla romana‹, nicht nur in der Fassadengestaltung (mit Bossenwerk sowie ionischen und korinthischen Säulen in paarweiser Sequenz), sondern auch in der Anordnung der Gebäudeteile um einen quadratischen Hof. Später wurde das Gebäude von der öffentlichen Hand gekauft und dient seit 1866 als Sitz der Präfektur.

LITERATUR: Bassi 1976, S. 88ff.; Tafuri 1992, S. 328ff.

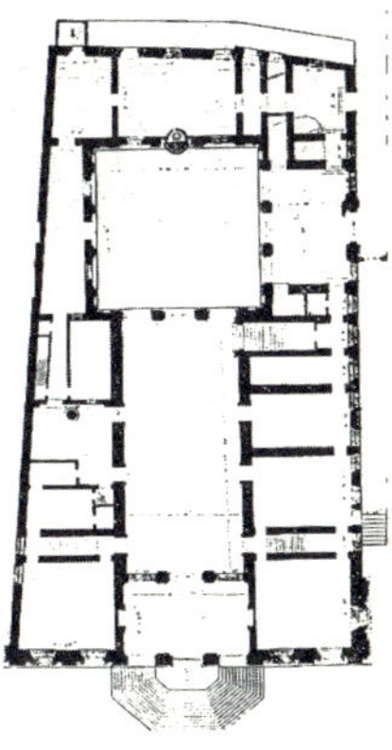

95
Zecca
1536 - 1545
Sansovino
Molo di San Marco
Anlegestelle San Marco oder San Zaccaria

Mit der Genehmigung des Entwurfs für die neue Zecca wurde ein Programm der einheitlichen Neugestaltung des Viertels um San Marco gestartet, ein großer Plan einer *Renovatio Urbis* nach dem Willen des Dogen Andrea Gritti, ausgeführt von Sansovino in seiner Eigenschaft als Oberbaumeister von San Marco. Die zum Molo weisende Fassade hatte zunächst zwei Stockwerke mit kräftig bossiertem Mauerwerk, wie es das Traktat des Serlio für Nutzbauten propagierte. Die dritte Etage, wo das Motiv der bossierten Halbsäulen wiederholt ist, wurde später von Sansovino selbst aufgesetzt. Seitdem die ursprüngliche Nutzung des Gebäudes (als Münzprägestelle) mit dem Fall der Republik eingestellt wurde, gehört die Zecca zur Biblioteca Nazionale Marciana.

LITERATUR: Tafuri 1969, S. 72ff.; Howard 1975, S. 38ff.

96
Loggetta del Campanile
1537 - 1549
Sansovino
Piazza San Marco
Anlegestelle San Marco oder San Zaccaria

Als Sitz der Wachmannschaft konzipiert, liegt das kleine Gebäude in einer Achse mit jener Via Triumphalis, die durch die Porta della Carta in den Dogenpalast hineinführt. Mehr Skulptur denn Architektur, besteht die Loggetta aus drei üppig dekorierten Arkaden mit Kompositkapitellen.

LITERATUR: Howard 1975, S. 28ff.

97
Libreria Marciana
1537 - 1554
Sansovino
Piazzetta San Marco
Anlegestelle San Marco oder San Zaccaria

Die Bibliothek wurde gebaut zur sicheren Verwahrung reicher Bestände, unter anderem der Bibliothek des Bessarione, der nach der türkischen Eroberung aus Konstantinopel geflohen war. Sansovino konzipierte sie in der Form einer verlängerten Loggia, akzentuiert durch eine zweistöckige Reihe von Halbsäulen. Über einen differenziert ausgestalteten Girlandenfries setzte er eine Attika klassischen Stils mit Balustrade und Akroterien.
Die Libreria sollte zum Vorbild werden für die südliche Bebauung der Piazza San Marco, die unter dem Namen Procuratie Nuove bekannt ist. Im Innern, wo heute die Biblioteca Nazionale Marciana untergebracht ist, führt eine monumentale Treppe in den mit reich vergoldeten Dekorationen und von Veronese gemalten Tondi ausgeschmückten großen Saal (26 x 10,5 m).

LITERATUR: Murray 1969, S. 262ff.; Howard 1975, S. 8ff.

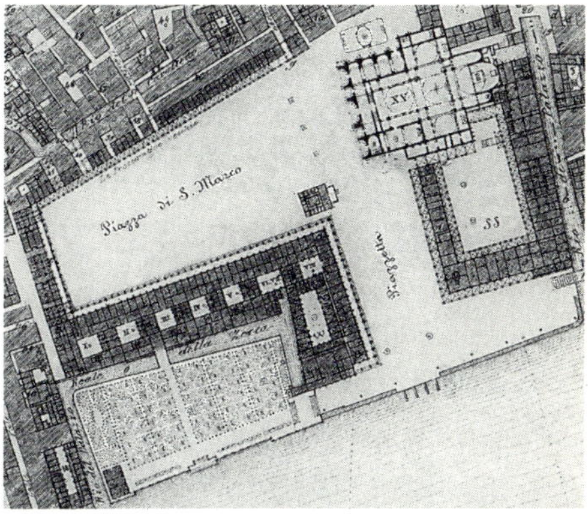

98
Palazzo Dolfin a San Salvador
1536 - 1545
Sansovino
San Marco 4799, Calle larga Mazzini
Anlegestelle Rialto

In den selben Jahren, in denen er das neue Areal um San Marco konzipierte, strukturierte Sansovino Grund- und Aufrisse dieses Palastes neu, schuf eine Art Kreuzung von vorhandenen Teilen und Neuem. Von seinem ursprünglichen Plan blieb nur die dem Canal Grande zugewandte Natursteinfassade erhalten. Das Gebäude ist heute Sitz der Banca d'Italia.

LITERATUR: Bassi 1976, S. 154ff.; Tafuri 1992, S. 316ff.

99
Chiesa di San Zulian
Nach 1553
Sansovino
San Marco, Campo San Zulian
Anlegestelle San Zaccaria oder Rialto

Das Gebäude aus dem 9. Jahrhundert wurde erneuert dank der Finanzierung durch den Arzt und Philosophen Tommaso Rangone, dessen Porträt in der Lunette des Eingangsportals zu sehen ist. Indem Sansovino zwei verschiedene Portalrahmungen ineinanderschachtelte, entstand eine Fassade mit doppelter Halbsäulenordnung. Die Anregung hierzu gab die Memorialarchitektur.

LITERATUR: Tafuri 1969, S. 141ff.; Franzoi-Di Stefano 1976, S. 363ff.

100
Ca' di Dio
1545 - 1570
Sansovino
Castello 2182, Riva di Ca' di Dio
Anlegestelle Arsenale

Ursprünglich für die ins Heilige Land aufbrechenden Pilger erbaut, wurde der Gebäudekomplex seit dem 14. Jahrhundert als Oratorium und Hospiz für alleinstehende und mittellose Frauen genutzt. Einfühlsam konzipierte Sansovino die Fassaden in so schmucklosen Strukturformen, daß sich Tafuri gedrängt sieht, von einer »architektonischen Askese« zu sprechen.

LITERATUR: Franzoi-Di Stefano 1976, S. 498; Tafuri 1985, S. 81ff.

101
Chiesa di San Martino all' Arsenale
1553 - 1633
Sansovino
Castello, Fondamenta del Piovan
Anlegestelle Arsenale oder Tana

Das Gebäude wird traditionellerweise in Verbindung mit der Ca' d'Oro gesehen: Sansovino arbeitet hier mit ähnlichen Intentionen und in einer gleichermaßen schmucklosen Formensprache. In diesem Fall transformiert er eine über dem lateinischen Kreuz errichtete mittelalterliche Kirche in einen Zentralbau mit einem Quadrat in der Mitte und zwei Kapellen an jeder Seite.

LITERATUR: Howard 1975, S. 77ff.; Tafuri 1985, S. 81ff.

102

Ospedale degli Incurabili

Nach 1565

Sansovino

Dorsoduro, Zattere agli Incurabili

Anlegestelle Zattere oder Salute

Um einen quadratischen Hof gruppierten sich seit dem Mittelalter das Oratorium und das Hospiz für die Syphilitiker. Bei der Planung der Umgestaltung widmete sich Sansovino mit besonderer Sorgfalt dem Oratorium, das eher als Konzertauditorium genutzt werden sollte, denn als Ort des religiösen Kults. Während die Kirche (1831) zerstört wurde, blieb das ehemalige Hospiz mit seiner einfachen dekorativen Lösung bis heute erhalten.

LITERATUR: Howard 1975, S. 88ff.; Aikema-Meijers 1989, S. 131ff.

103

Fabbriche Nuove di Rialto

1555 - 1556

Sansovino

San Polo 119, Erbaria

Anlegestelle Rialto oder San Sivestro

Zwischen dem Gemüse- und dem Fischmarkt erstreckt sich dieses Gebäude, das die vertikalen Strukturen der Fabbriche Vecchie aufnimmt. Mit ihm ist die Neugestaltung des Rialto-Viertels entlang des Canal Grande abgeschlossen. Der Unterschied in Stil und Ausdruck zu Sansovinos bekanntesten Werken ist derart groß, daß dessen Autorschaft, trotz der klaren Aussage der Quellen, lange Zeit nicht anerkannt wurde.

LITERATUR: Tafuri 1969, S. 156ff.; Calabi 1987, S. 142ff.

104

Palazzo Zen ai Crosecheri

1537 - 1553

Cannaregio 4922, Campo dei Gesuiti

Anlegestelle Fondamente Nuove

In dem eigenartigen Gebäude mischen sich Stilelemente der Renaissance mit Spitzbogenmotiven orientalischer Herkunft. Dies wird vor allem deutlich an der zum Rio di Santa Caterina gekehrten Fassade, an der in wechselnder Folge verschiedene Stile auftreten. Gestalter waren die Besitzer selbst, venezianische Patrizier, die mit der Kunst und Kultur des Orients in Kontakt standen.

LITERATUR: Concina 1984/b.

105
Forte di Sant'Andrea
1544 - 1571
Michele Sanmicheli
Isola delle Vignole
Anlegestelle Vignole

Innerhalb des Verteidigungssystems, das die Hafenzufahrten kontrollierte, bildete das Fort mit dem Namen Castelnuovo das Pendant zum Forte di San Nicolò di Lido. Im Rahmen seiner ausgedehnten Aktivitäten als Berater der Serenissima in Sachen der Militärarchitektur konzipierte Sanmicheli das Fort nach veronesischen Vorbildern in der Art eines Stadttores.

LITERATUR: Puppi 1971, S. 87ff.; Concina 1983, S. 97ff. und S. 111ff.

106
Palazzo Corner Mocenigo a San Polo
1559 - 1564
Michele Sanmicheli
San Polo 2128, Campo San Polo
Anlegestelle San Tomà oder San Silvestro

Der Palazzo ist in der Grundrißform eines C angelegt, wodurch seine Längsseite zum Campo, die Stirnseite zum Rio di San Polo weist. Die Fassadenkomposition erhält ihren besonderen Charakter durch die kräftige Bossierung des Erdgeschosses, die beiden großen Serlianen in der Mitte und den exakten Rhythmus der Lisenen. In dem Gebäude hat heute die oberste Zollbehörde ihren Sitz.

LITERATUR: Puppi 1971, S. 109ff.; Bassi 1976, S. 334ff.

107
Palazzo Grimani a San Luca
1556 - 1575
Michele Sanmicheli
San Marco 4041, Calle Grimani
Anlegestelle Rialto

Sehr bekannt ist die dem Canal Grande zugekehrte Fassade, gegliedert in drei große horizontale Geschoßzonen und rhythmisiert durch eine fortlaufende Reihe von Serlianen; weniger beachtet wird im allgemeinen der Grundriß, in dem das Schema des Palazzo Corner (Eingangshof, Portego, Atrium über dem Wasser) einem trapezförmigen Grundstück angepaßt ist. Der Palast beherbergt heute die Amtsräume des Berufungsgerichtes.

LITERATUR: Puppi 1971, S. 136ff.; Bassi 1976, S. 146ff.

108

Palazzo Grimani a Santa Maria Formosa

1558 - 1569

Castello 4682, Ruga Giuffa

Anlegestelle San Zaccaria oder Rialto

Auf der Seite der Ruga Giuffa macht lediglich das Portal, das einige Sanmicheli zuschreiben, auf den Palazzo aufmerksam, und auch die auf den Rio di San Severo blickende Fassade läßt nichts ahnen vom architektonischen und dekorativen Reichtum, der sich im Innern entfaltet und von seinem Besitzer Giovanni Grimani, dem Patriarchen von Aquileia, selbst entworfen wurde. Ihm diente der Palazzo als Aufbewahrungsort seiner Sammlung antiker Kunst.

LITERATUR: Puppi 1971, S. 159; Bassi 1976, S. 228ff.

109

Palazzo Contarini a San Beneto

1560 vollendet

San Marco 3980, Calle Contarini

Anlegestelle Sant'Angelo

Traditionell Sante Lombardo zugeschrieben, weist der Palazzo - vor allem an der Fassade zum Rio di San Luca - Merkmale des stilistischen Übergangs auf. Erinnert die Gestaltung des Hauptgeschosses an die damals fortschrittlichsten Beispiele, so sind einige Elemente typisch für die Frührenaissance, wie etwa die Verwendung des polychromen Marmors und die Bögen der Polyfore im Obergeschoß.

LITERATUR: Muraro 1970; Bassi 1976, S. 258ff.

110

Palazzo Bellavite a San Maurizio

1555 vollendet

San Marco 2760, Campo San Maurizio

Anlegestelle Santa Maria del Giglio

An der Fassade zum Campo, die einst mit Fresken von Veronese bemalt war, sind jene Elemente ablesbar, aus denen sich im späten 16. und 17. Jahrhundert das geläufige Muster für die aristokratische Architektur bilden sollte. Dies gilt vor allem für die beiden mittleren, übereinanderliegenden Serlianen, für die gestreckten Konsolen und für die Voluten, die verschiedene Formelemente miteinander verbinden.

LITERATUR: Bassi 1976, S. 250ff.

111
Chiostro di Santa Maria della Carità
1552
Andrea Palladio
Dorsoduro 1050, Campo della Carità
Anlegestelle Accademia

Von der Bautätigkeit Palladios zeugt heute nur noch der Flügel zwischen Hof und Rio (das Gesamtprojekt ist in den *Quattro libri dell'architettura* überliefert). Beachtenswert sind in diesem Gebäudeteil, der heute in die Gallerie dell'Accademia integriert ist, die Innenfassade (mit großen Arkaden zwischen Halbsäulen), die oval geführte Spindeltreppe und die Raumfolge des Tablinum.

LITERATUR: Ackerman 1972, S. 74ff.; Puppi 1973, S. 146ff.

112
Chiesa del Redentore
1577 - 1592
Andrea Palladio
Giudecca, Fondamenta San Giacomo
Anlegestelle Redentore

Die nach einer dramatischen Pestepidemie errichtete Votivkirche ragt hoch über die niedrige Bebauung der Umgebung auf: Von weitem sind ihr massiger Baukörper und ihre Fassade sichtbar, die von Palladio als Abfolge verschiedener Raumebenen konzipiert wurde. Das Innere gliedert sich in Raumteile, die verschiedenen Funktionen zugeordnet sind: der Chor für die Mönche, der Altarraum, das Langhaus und die Kapellen für die Gemeinde. Dies verhindert jedoch nicht die Entstehung eines geschlossenen, dezentrierten Raumkomplexes, dessen einschiffige Längsform von Pfeilerarkaden begrenzt wird. Das Licht fällt durch die Kuppel und die Thermenfenster, die entlang des Langhauses und des Presbyteriums das Tonnengewölbe durchbrechen.

LITERATUR: Cevese 1973, S. 89ff.; Puppi 1973, S. 210ff. und S. 419ff.

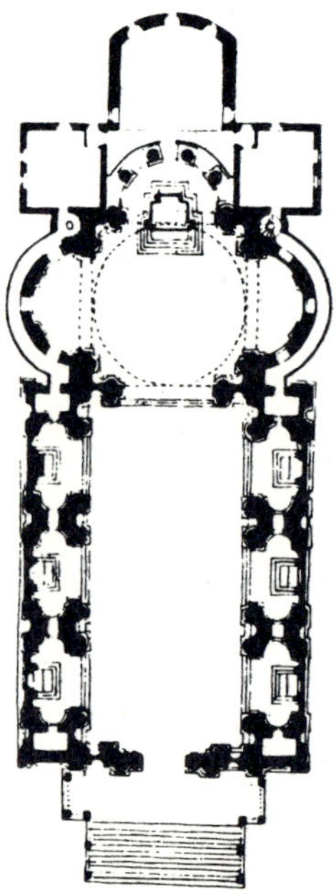

113
Refettorio di San Giorgio Maggiore
1560 - 1563
Andrea Palladio
Isola di San Giorgio
Anlegestelle San Giorgio

Die Erneuerung des großen benediktinischen Komplexes begann um das Jahr 1540 mit dem Umbau jenes Teils, der heute dem Refektorium entspricht. Palladio, der diesen Gebäudetrakt 1563 fertigstellte, konzipierte ihn als Folge von drei Räumen, durch die der Besucher vom Vestibül bis zum großen Saal (Aula palladiana genannt) gelangt, der verlängert und mit einem Kreuzgewölbe ausgestattet wurde.

LITERATUR: Cevese 1973, S. 89; Puppi 1973, S. 150ff., S. 338ff.

114
Chiesa di San Giorgio Maggiore und Chiostro dei Cipressi
Ab 1579
Andrea Palladio
Isola di San Giorgio
Anlegestelle San Giorgio

Die beiden Gebäude wurden zum großen Teil nach dem Tode Palladios gebaut und erst im 17. Jahrhundert fertiggestellt. Der Entwurf sah eine erweiterte Kirche vor, die in einer 90-Grad-Drehung zur Achse des Vorgängerbaus liegt. Auch hier verhindert die beträchtliche Längenausdehnung nicht, daß der Baukörper - dank des Gewichtes, das der Kuppel in der Gesamtkonzeption beigemessen ist - den Charakter eines Zentralbaus annimmt. Die zweigeschossig angelegte Fassade wurde 1610 von Simone Sorella errichtet. Auch der Chiostro dei Cipressi genannte große Kreuzgang wurde nach dem Tode Palladios, der ihn geplant hatte, gebaut. Der Gesamtkomplex ist seit 1951 Sitz der Fondazione Giorgio Cini.

LITERATUR: Zorzi 1966, S. 42ff.; Puppi 1973, S. 158ff.

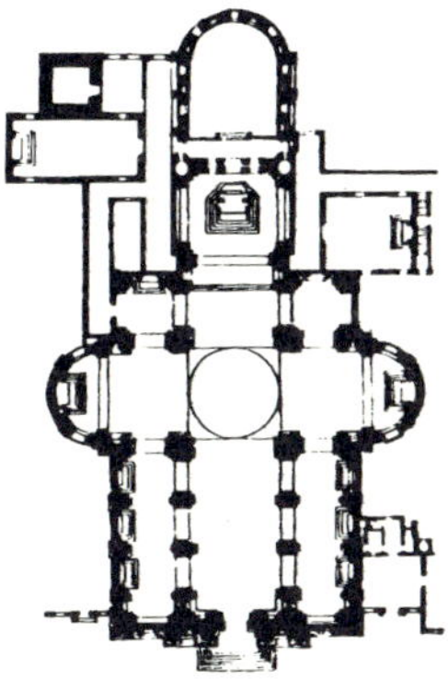

115
Chiesa und Ospizio delle Zitelle
1582 - 1586
Andrea Palladio und Jacopo Bozzetto
Giudecca, Fondamenta delle Zitelle
Anlegestelle Zitelle

Laut Überlieferung handelt es sich um die dritte Kirche Palladios am Canale della Giudecca, und auch in diesem Fall entstand der Bau posthum. Der quadratische Grundriß mit abgeschrägten Ecken ist fast vollständig von der Kuppel überspannt. Die Kirche bildet zusammen mit dem Hospiz, das diese auf drei Seiten umgibt, einen einheitlichen Baukomplex.

LITERATUR: Puppi 1973, S. 431ff.; Aikema-Meijers 1989, S. 225 ff.

116
Palazzo Mocenigo a San Samuele
1570 - 1590
San Marco 3349, Calle Mocenigo
Anlegestelle Sant'Angelo

Als Teil einer Reihe von vier Palazzi am Canal Grande wurde dieser lange Zeit - fälschlicherweise - Palladio zugeschrieben. Statt dessen handelt es sich hier um einen von ihm beeinflußten Architekturstil, der an einigen Elementen erkennbar ist, so an den Bogentympana über den seitlichen Fenstern und an den steinernen Wandverkleidungen im unteren Teil der Fassade.

LITERATUR: Bassi 1976, S. 134ff.

117
Palazzo Tiepolo a Sant'Aponal
Um 1560
Guglielmo dei Grigi
San Polo 1364, Calle Papadopoli
Anlegestelle San Silvestro

Der Palazzo, der im Hintergrund eines Gemäldes von Veronese aus dem Jahr 1571 zu sehen ist, scheint einige Charakteristika der von Sanmicheli inspirierten Baukunst des späten 16. Jahrhunderts aufzunehmen. Zwischen den stark akzentuierten Gesimsen wird die traditionelle vertikale Dreiteilung von den übereinanderliegenden Serlianen im Mittelteil verdeutlicht.

LITERATUR: Bassi 1976, S. 140ff.

118
Ghetto Nuovo
Ab 1516
Cannaregio, Campo del Ghetto Nuovo
Haltestelle San Marcuola

Ein Dekret von 1516 schreibt der jüdischen Gemeinde vor, sich auf der ›Insel‹ entlang des Rio di San Gerolamo niederzulassen, wo sich schon eine Kupferschmiede (*geto* oder *ghetto* = Guß) befand. Neben der obligaten Vorgabe, den Platz in der Mitte freizulassen, bedingt die hohe Bevölkerungsdichte eine charakteristische Bebauungsstruktur: die Häuser wachsen und verdichten sich lediglich entlang der äußeren Begrenzung.
Auch die Synagogen (Scuole), Orte des kultischen und kommunikativen Gemeindelebens, liegen rings um den Campo, innerhalb der geschlossenen Baustruktur gut getarnt. Als Beispiele introspektiver Architektur bergen sie einen ungeahnten dekorativen Reichtum. Dies gilt für die Scuola Grande Tedesca (1), die Scuola Canton (2), beide 1528 - 1532 erbaut, und schließlich für die 1581 - 1587 entstandene Scuola Italiana (3).

LITERATUR: Gianighian-Pavanini 1984, S. 186ff.; Concina 1991, S. 11ff., S. 93ff.; Calabi 1991/a, S. 217ff.

119
Palazzo Tron a San Stae
1570 - 1580
Santa Croce 1947, Corte Dandolo
Anlegestelle San Stae

Besonders die Fassade am Canal Grande zeigt Einflüsse Sansovinos: in der Mitte liegen die viergliedrigen Bogenfenster mit Balustraden, durch Details bereichert wie verlängerten Konsolen und vorspringenden Gesimsen. Obwohl sie analoge Motive aufweist, ist die Gartenfront Ergebnis einer Umgestaltung im 17. Jahrhundert. Das Gebäude beherbergt heute die städtebauliche Abteilung der Fakultät für Architektur.

LITERATUR: Bassi 1976, S. 190ff.

120
Prigioni
1563 - 1614
Antonio Da Ponte und Antonio Contin
San Marco, Ponte della Paglia
Anlegestelle San Zaccaria

Das Gefängnisgebäude liegt gegenüber dem Dogenpalast auf der anderen Seite des Rio, genau an dessen Mündung, also auch an der Riva degli Schiavoni. Von Giovanni Antonio Rusconi begonnen, wurde es von Da Ponte in schlichten klassischen Formen konzipiert, in denen die Proportionen und das Bossenwerk der herrschaftlichsten Gebäude im Viertel von San Marco nachklingen. Contin vollendete den Bau im 17. Jahrhundert.

LITERATUR: Bassi 1962, S. 64ff.; Franzoi 1990, S. 111ff.

121
Cantieri Acquatici, »Cantieri delle Gagiandre« genannt
1568 - 1585
Castello, Darsena dell'Arsenale Novissimo
Anlegestelle Arsenale oder Tana

Diese *squeri* (Schiffswerften) *all'acqua* wurden kurz nach der Schlacht von Lepanto gebaut und sollten eine zum Auslaufen bereite Galeerenflotte beherbergen. Die Dockanlage ist Teil einer Neustrukturierung des Arsenals, wobei die würdevolle Architektur, rhythmisiert durch große Arkaden mit Säulen aus istrischem Kalkstein, lange Zeit der Grund war, sie Sansovino zuzuschreiben.

LITERATUR: Concina 1984/b, S. 154ff.

122
Corderie della Tana
1579 - 1591
Antonio Da Ponte
Castello, Campo della Tana
Anlegestelle Tana

Das extrem langgezogene Gebäude, heute Ort für Zeitausstellungen, wurde auf Resten eines Seilereigebäudes errichtet. Der Baumeister Da Ponte konzipierte die neue Seilerei auf der Grundlage einer funktionsbestimmmten Raumgliederung; in der Mitte erstreckt sich der Raum über die gesamte Gebäudehöhe, an den Seiten ist ein Zwischenboden eingezogen.

LITERATUR: Concina 1984/b, S. 158ff.

123
Ponte delle Prigioni (oder dei Sospiri)
1595 - 1600
Scarpagnino
San Marco, Rio di Palazzo
Anlegestelle San Zaccaria

Die Notwendigkeit einer direkten Verbindung zwischen dem Gefängnis und dem Dogenpalast veranlaßte den Bau der hochberühmten Seufzerbrücke aus istrischem Kalkstein, die gemäß dem Entwurf Sansovinos, des Baumeisters des Dogenpalastes, mit einer Fülle plastischer Dekorationen ausgestattet wurde. Einige Details bezeugen die Nähe zu der gleichzeitig an der Mündung des Canale di Cannaregio errichteten Ponte delle Guglie.

LITERATUR: Bassi 1962, S. 66; Franzoi 1990, S. 112.

124
Ponte di Rialto
1588 - 1591
Antonio Da Ponte
Anlegestelle Rialto

In ihrer heutigen, unverwechselbaren Erscheinungsform ist die Brücke Ergebnis einer langen Diskussion, die sich über mehr als siebzig Jahre hinzog, nachdem 1514 die Vorgängerbrücke aus Holz eingestürzt war. Nach der Überlieferung sollen sich an der Planung die größten zeitgenössischen Architekten beteiligt haben (Vasari spricht in diesem Zusammenhang auch von Michelangelo). Palladio legte eine Reihe von Entwürfen für eine vielbogige Brücke ›im antiken Stil‹ vor, die nicht akzeptiert wurden. Ein oder drei Bögen: gegen Ende spitzte sich die Diskussion auf diese Frage zu; der venezianische Senat wählte schließlich die erste Lösung und zog dem überzeugendsten Entwurf von Scamozzi jenen des Baumeisters Antonio Da Ponte vor.

LITERATUR: Moracchiello 1987.

125
Palazzo Balbi a San Tomà
1582 - 1590
Alessandro Vittoria
Dorsoduro 3901, Calle del Remer
Anlegestelle San Tomà

Üblicherweise als Übergang zum Barock bezeichnet, bietet der Palazzo an seiner dem Canal Grande zugewandten Front eine Synthese architektonischer Elemente des 16. Jahrhunderts, so etwa die Balustradenpolyfore im Stile Sansovinos, die Tympana in der von Palladio vorgegebenen Art. Alle diese Elemente sind jedoch eingebunden in ein sehr reiches Dekorationssystem. Der Palast beherbergt heute die Giunta Regionale del Veneto.

LITERATUR: Bassi 1976, S. 124ff.

126
Chiesa di San Pietro di Castello
1557 - 1596, 1619 - 1621
Francesco Smeraldi und Giovanni Girolamo Grapiglia
Castello, Campo San Pietro
Anlegestelle Giardini oder Arsenale

Die Kirche steht auf Resten einer Kirche aus dem 7. Jahrhundert. Obwohl sie am äußersten Rand des Castello liegt, war sie von 1451 bis 1807 die Kathedrale von Venedig. Sowohl die zweigeschossige Fassade als auch der auf dem lateinischen Kreuz errichtete und mit einer Zentralkuppel geschlossene Innenraum erinnert an den Stil Palladios. Der Glockenturm von 1482 - 1488 ist das Werk Codussis.

LITERATUR: Puppi 1973, S. 345ff.

127
Scuola di San Fantin
1592 - 1600
Antonio Contin
San Marco 1897, Campo San Fantin
Anlegestelle Santa Maria del Giglio oder San Marco

Mit ihrer weißen, etwas kreidigen Fassade aus istrischem Kalkstein scheint die Schule schon Ausdruck der Barockkunst zu sein. Der skulpturale Geschmack, der ihre Gestaltung bestimmt, ist möglicherweise Alessandro Vittoria zuzuschreiben, der das Projekt anregte. Die beiden Säle (der im Erdgeschoß und der obere) werden heute von einer kulturellen Einrichtung genutzt.

LITERATUR: Pignatti 1981, S. 187ff.

128
Procuratie Nuove
1586 - 1616
Vincenzo Scamozzi
Piazza San Marco
Anlegestelle San Marco oder San Zaccaria

Den neuen Gebäudeflügel entlang der Südseite der Piazza plante Scamozzi als Verlängerung der Libreria Marciana, von der die horizontalen und vertikalen Gliederungsformen übernommen wurden. Das dritte Geschoß ist leicht zurückgesetzt, um die architektonische Einheit und die stilistische Kontinuität der Fronten nicht zu gefährden. Scamozzi selbst realisiert zehn Arkaden, der Rest ist das Werk Longhenas.

LITERATUR: Bassi 1962, S. 109ff.

129
Chiesa und Convento di San Nicolò da Tolentino (Tolentini)
1591 - 1602
Vincenzo Scamozzi
Santa Croce, Campo dei Tolentini
Anlegestelle Piazzale Roma

In ihrer Flächen- und Raumstruktur übernimmt die Theatinerkirche das von Palladio entwickelte Modell mit einer Zentralkuppel über dem lateinischen Kreuz. Der schmucklosen Fassade vorgelagert ist ein großer Pronaos, von Andrea Tirali 1706 - 1714 in der Form eines korinthischen Tempels realisiert. Das Kloster beherbergt heute die Fakultät für Architektur (vgl. Nr. 245).

LITERATUR: Bassi 1962, S. 269ff.

130
Palazzo Benci alla Madonna dell'Orto
1580 - 1590
Cannaregio 3458, Fondamenta della Madonna dell'Orto
Anlegestelle Madonna dell'Orto

Der weitläufige Baukomplex, heute als Heilanstalt genutzt, mußte zwei schon existierende Palazzi integrieren. Der Umbau wurde allerdings nicht zu Ende gebracht (an der Fondamenta findet sich noch die gotische Fassade). Die auf den Hof weisende Front gibt eine Vorstellung vom Umfang des Projektes; im Garten bilden zwei symmetrische Blöcke, die als *Casini degli Spiriti* dienten, den Abschluß des Geländes.

LITERATUR: Bassi 1976, S. 308ff.

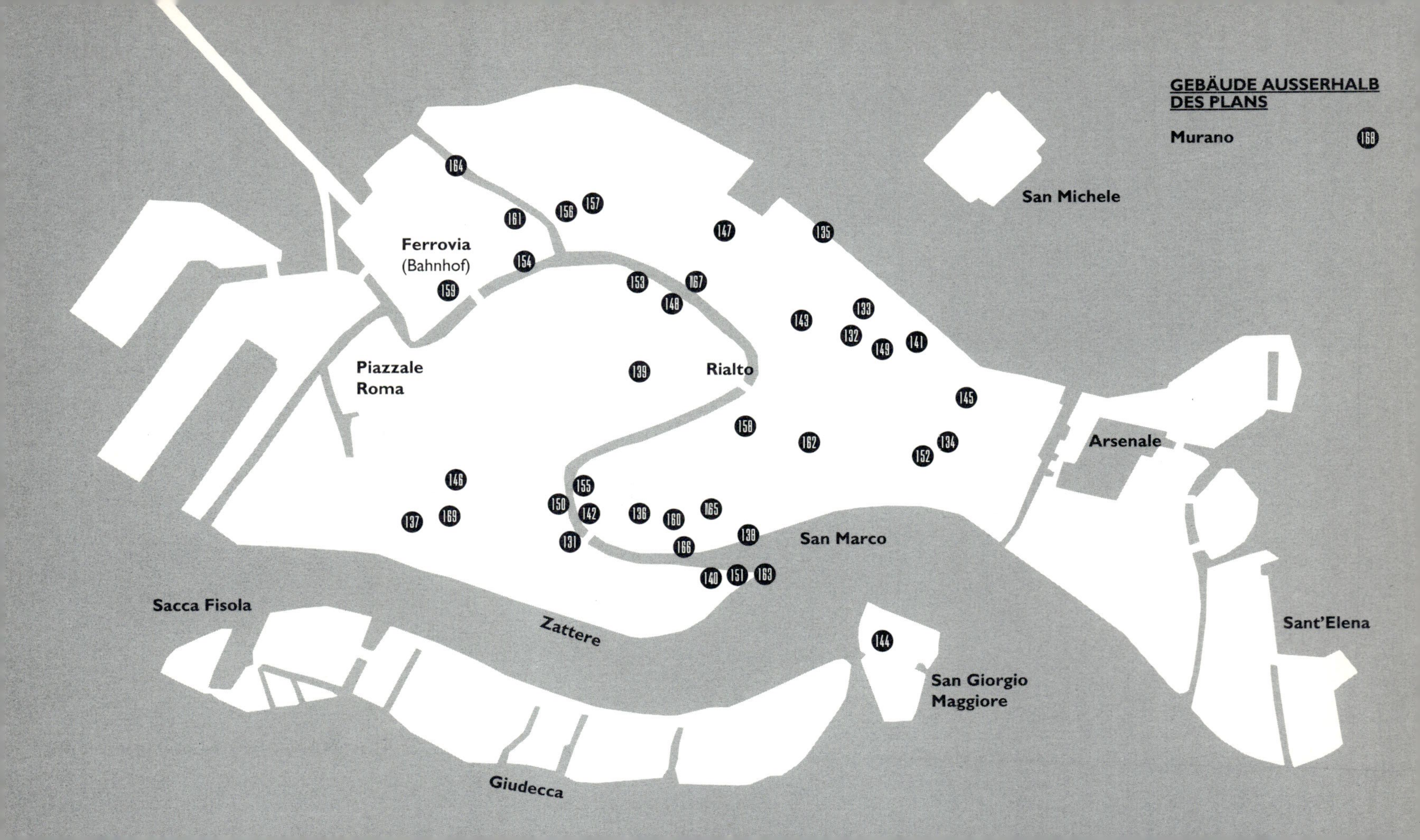
GEBÄUDE AUSSERHALB DES PLANS
Murano 168
San Michele
Ferrovia
(Bahnhof)
Piazzale
Roma
Rialto
San Marco
Arsenale
Sant'Elena
San Giorgio
Maggiore
Zattere
Giudecca
Sacca Fisola
131
132
133
134
135
136
137
138
139
140
141
142
143
144
145
146
147
148
149
150
151
152
153
154
155
156
157
158
159
160
161
162
163
164
165
166
167
169

Das barocke Venedig

Das Venedig des 17. Jahrhunderts hat keine Malerpersönlichkeiten zu bieten, die jenen des vorhergehenden und des darauffolgenden Jahrhunderts vergleichbar wären. Zum Teil als Folge dieser Gegebenheit, zum Teil dank des eher bescheidenen Charakters der Architektur kam die Idee des Barock im Kunstleben der Stadt nicht zu voller Geltung. Von recht geringer Zahl sind denn auch die Bezugnahmen auf die römischen, von Bernini und Borromini formulierten Vorbilder, die traditionellerweise als die Essenz des Barock betrachtet werden.
Im Unterschied zu anderen Epochen erscheint jetzt jedoch in überragender Position die Persönlichkeit des Baldassare Longhena, des in Venedig geborenen und aufgewachsenen Architekten. Mit ihrer spektakulären Anlage als Zentralbau bleibt die Chiesa della Salute eines der bedeutendsten Denkmäler des 17. Jahrhunderts (laut Deborah Howard das größte außerhalb Roms). Die spezifische Handschrift Longhenas ist vor allem im Profanbau erkennbar, für den er neue Gestaltungsmuster entwickelte: Von ihm stammt die gleichmäßig fortlaufende Fensterreihe, die mit der rhythmischen Dreiteilung des venezianischen Palazzo bricht. Bei der Ca' Pesaro und der Ca' Rezzonico übernimmt er das Motiv der zweigeschossigen Gliederung, das Sansovino erfunden hatte und das von seinem Meister Vincenzo Scamozzi in den Procuratie Nuove weitergeführt worden war.
Wenn man im Falle Venedigs von Barock sprechen kann, so im Zeichen einer Kontinuität, die die Architektur des 16. Jahrhunderts mit der des Longhena verbindet.

131
Palazzo Contarini degli Scrigni
1609
Vincenzo Scamozzi
Dorsoduro 1057, Calle Contarini Corfù
Anlegestelle Accademia

Der Palazzo stellt die Erweiterung des benachbarten gotischen Palastes dar. An der neuen Front zum Canal Grande hin fällt die Regelmäßigkeit auf, in der das architektonische Motiv des steten Wechsels von Bogenfenstern und Zwillingssäulenpaaren angewandt ist: ein schon barockes Strukturierungsmuster, das in brillanter Weise die von den Meistern des 16. Jahrhunderts entwickelten Lösungen aufgreift.

LITERATUR: Bassi 1976, S. 98ff.

132
Ospedale dei Mendicanti
1601 - 1631
Vincenzo Scamozzi
Castello, Fondamenta dei Mendicanti
Anlegestelle Ospedale oder Fondamente Nuove

Der Gebäudekomplex ist perfekt symmetrisch um zwei quadratische Höfe herum angeordnet; die in der Mitte gelegene Kirche (vgl. Nr. 133) fungiert als Symmetrieachse. Das Gebäude, ursprünglich Vagabunden und Waisen vorbehalten, ist heute Teil des Ospedale Civile, bildet vom Haupteingang her dessen dritten und vierten Hof.

LITERATUR: Concina 1989, S. 123ff.; Aikema-Meijers 1989, S. 249ff.

133
Chiesa di San Lazzaro dei Mendicanti
1601 - 1649
Vincenzo Scamozzi und Giuseppe Sardi
Anlegestelle Ospedale oder Fondamente Nuove

Das Schema ist zum Teil von Sansovinos Oratorium im Ospedale degli Incurabili übernommen, jedoch im Rekurs auf Palladio bearbeitet. Dem von vier Seitenaltären flankierten, einschiffigen Langhaus ist ein Vestibül vorgelagert, das seinerseits die Funktion einer Grabkapelle übernimmt; im Deckengewölbe sind große Thermenfenster eingelassen.

LITERATUR: Franzoi-Di Stefano 1976, S. 442ff.; Pellegriti 1989.

134

Chiesa di San Lorenzo

1592 - 1617

Simone Sorella

Castello, Campo San Lorenzo

Anlegestelle San Zaccaria oder Arsenale

Weit zurückliegend (6. Jahrhundert) sind die Ursprünge der einschiffigen, dem Benediktinerinnenkloster angegliederten Kirche. Ihre ungewöhnliche Breite wird von drei ausladenden Bögen unterstrichen, die den Laienbereich von dem der Nonnen trennt. Ein doppelseitiger Altar diente beiden Seiten. Die heute profanierte Kirche ist in städtischem Besitz.

LITERATUR: Lorenzetti 1963, S. 366; Franzoi-Di Stefano 1976, S. 467ff.

135

Palazzo Donà dalle Rose alle Fondamente Nuove

1610 - 1611

Cannaregio 5038

Anlegestelle Fondamente Nuove

In der Einfachheit seines architektonischen Lineaments bewahrt der Palazzo jenen würdevoll strengen Charakter, den der Doge Leonardo Donà seiner Residenz geben wollte: eine offene Kampfansage an den Luxus und den ausschweifenden ›römischen‹ Geschmack. Bei dem Palazzo handelt es sich um einen der wenigen Fälle, in denen die ursprüngliche Familie bis heute Besitzerin ist und für die Instandhaltung der Ausstattung und des Dekors Sorge trägt.

LITERATUR: Bassi 1976, S. 500ff.; Concina 1989, 121ff.

136

Palazzo Pisani a Santo Stefano

1614 - 1615

Bartolomeo Monopola

San Marco 3395, Campiello Pisani

Anlegestelle San Samuele oder Accademia

Es ist einer der monumentalsten Palazzi Venedigs, zum großen Teil im 18. Jahrhundert von Frigimelica vollendet. Riesige Dimensionen hat die dem Campo zugewandte Fassade mit ihren übereinandergesetzten Serlianen und den paarweise auftretenden Fenstern, in deren Bogenscheitel skulptierte Köpfe eingesetzt sind. Im Innern finden sich zwei Höfe mit übereinanderliegenden Loggien. In den großen Sälen hat seit 1897 das Conservatorio Musicale seinen Sitz.

LITERATUR: Bassi 1976, S. 360ff.; Masobello-Tarlà 1976.

137
Chiesa dell'Angelo Raffaele
1618 - 1639
Francesco Contin
Dorsoduro, Fondamenta dell'Angelo Raffaele
Anlegestelle San Basilio

Das große Gebäude steht auf den Resten einer der ältesten Kirchen der Stadt (7. Jahrhundert). Bemerkenswert ist die vertikale Raumentfaltung, wahrnehmbar nicht nur an der Fassade aus dem 18. Jahrhundert, sondern auch im dreischiffigen, auf dem griechischen Kreuz basierenden Innern. Die Mitte überspannt ein weites, von mächtigen Pfeilern getragenes Kreuzgewölbe.

LITERATUR: Franzoi-Di Stefano 1976, S. 185ff.

138
Palazzo Treves de Bonfili
1632 vollendet
Bartolomeo Monopola
San Marco 2156, Corte Barozzi
Anlegestelle San Marco

Der Palazzo ist recht geräumig, obwohl der Flügel, dessen Schmalseite am Canal Grande liegen sollte, nie zur Ausführung kam. So entstand einc zweiteilige (keine dreiteilige) Anlage; gleichzeitig wurde die außergewöhnlich in die Länge gezogene Front am seitlichen Rio zur Hauptfassade. Beachtenswert ist die aus dem frühen 19. Jahrhundert stammende Ausstattung der Innenräume.

LITERATUR: Bassi 1976, S. 82ff.

139
Palazzo Albrizzi a San Cassian
Um 1600 und 1648 - 1692
San Polo 1490, Campiello Albrizzi
Anlegestelle San Silvestro

Zwischen dem 16. und dem 18. Jahrhundert in verschiedenen Etappen entwickelt, liegt der beeindruckend massige Bau nach zwei Seiten hin direkt am Rio. Mehr als die Außenansichten, die mit übereinanderliegenden Serlianen einem schon wohlbekannten Muster folgen, sind die Innenräume von großem Interesse. Mit ihren weiß-goldenen Stukkaturen, ihren Fresken und Medaillons gehören sie zu den prunkvollsten Venedigs.

LITERATUR: Bassi 1976, S. 324ff.

140
Chiesa di Santa Maria della Salute
1631 - 1681
Baldassare Longhena
Dorsoduro, Campo della Salute
Anlegestelle Salute

Das Gotteshaus wurde nach der Pestepidemie von 1630 als Zeichen des Dankes errichtet. Dominantes Element in der venezianischen Stadtlandschaft, sollte es alsbald zur szenischen Kulisse der hier endenden jährlichen Gedenkprozession werden. Mit ihm debütierte der junge Longhena, dessen Rundbau vom Senat aus elf vorliegenden Entwürfen ausgewählt wurde. Das Zentralbauschema mit umlaufendem Wandelgang ist frühchristlichen und byzantinischen Vorbildern entliehen. In Analogie zur Anlage der Chiesa del Redentore fügte der Architekt jedoch ein von zwei halbkreisförmigen Apsiden gebildetes Presbyterium an. Außergewöhnlich ist die vertikale Raumgliederung des zentralen Baukörpers, die den Übergang von der achteckigen zur runden Form der Kuppel betont.

LITERATUR: Muraro 1973; Howard 1980, S. 178ff.; Biadene 1982, S. 102ff.; Vio 1986.

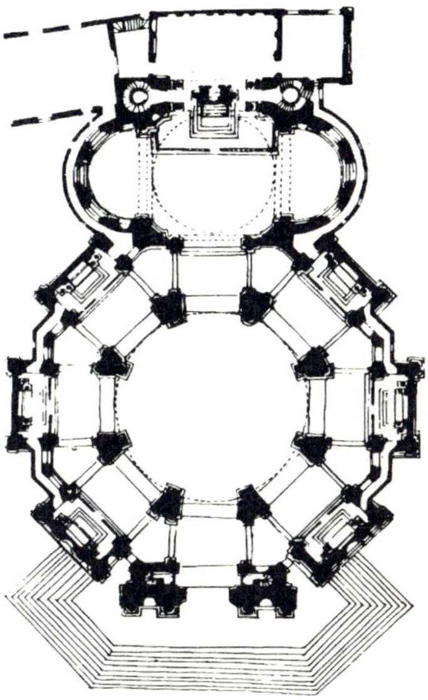

141
Chiesa di Santa Maria del Pianto
1647 - 1659
Castello, Calle delle Cappuccine
Anlegestelle Ospedale

Als oktogonaler Zentralbau zeigt das Gotteshaus der Kapuzinerinnen Analogien zur Chiesa della Salute: daher von einigen Autoren Longhena zugeordnet (von anderen Francesco Contin zugeschrieben). Die einfach gehaltene Fassade besitzt einen Bogengiebel, der optisch auf eine nie gebaute Kuppel hinführen sollte.

LITERATUR: Bassi 1962, S. 70ff.

142
Palazzo Giustinian-Lolin a San Vidal
1623 - 1625
Baldassare Longhena
San Marco 2893, Calle Giustinian
Anlegestelle San Samuele oder Accademia

Die von Longhena in jugendlichem Alter entwickelte Konzeption steht deutlich unter dem Einfluß Scamozzis. In ihrer kalten Eleganz greift die Fassade architektonische Motive des Palazzo Contarini auf (vgl. Nr. 131), der quasi auf der gegenüberliegenden Seite des Canal Grande steht, etwa die langgestreckten Bogenfenster. Zu beachten sind auch die Innenräume, die heute die Hugo und Olga Levi-Stiftung beherbergen.

LITERATUR: Bassi 1976, S. 104ff.; Biadene 1982, S. 60.

143
Palazzo Widmann-Rezzonico a San Cancian
1630 vollendet
Baldassare Longhena
Cannaregio 5403, Fondamenta Widmann
Anlegestelle Ca' d'Oro oder Rialto

Auch dieses Bauwerk entwarf Longhena in seiner frühen Phase. Besonders an der dem Rio di San Cancian zugekehrten Front finden sich Formelemente, die von Serlio und Sansovino, aber auch von seinem Lehrer Scamozzi stammen. Diese Art von Neorenaissance-Kompendium ist dann in der Profanarchitektur der Jahrhundertmitte häufig anzutreffen.

LITERATUR: Bassi 1976, S. 261ff.; Biadene 1982, S. 62ff.

144
Biblioteca von San Giorgio Maggiore
1641 - 1671
Baldassare Longhena
Isola di San Giorgio
Anlegestelle San Giorgio

Der Auftrag an Longhena erfolgte, nachdem ein Brand die Bibliothek von Michelozzo zerstört hatte. Sein Eingriff beschränkte sich auf die großen Fenster zum Hof und die bizarren Holzregale (später sorgfältig restauriert) in dem großen, ungeteilten Raum. 1643 entwarf er auch die vielrampige Ehrentreppe, die den Zutritt zur Bibliothek ermöglicht (vgl. Nr. 113 und 114).

LITERATUR: Bassi 1962, S. 112ff.; Biadene 1982; S. 130ff.

145
Ehemalige Chiesa di Santa Giustina
Um 1640
Baldassare Longhena
Castello, Campo Santa Giustina
Anlegestelle Celestia

An die heute profanierte und dem Liceo Scientifico Giambattista Benedetti integrierte Kirche knüpfte sich die Erinnerung an den Sieg von Lepanto (am Namenstag der Santa Giustina errungen). Ihre Fassade gestaltete Longhena in festlichen Formen mit korinthischen Säulen gigantischer Größenordung, die einen Bogengiebel tragen sollten, der allerdings nie gebaut wurde.

LITERATUR: Bassi 1962, S. 110.

146
Scuola Grande dei Carmini
1627 - 1663 und 1668 - 1670
Baldassare Longhena
Dorsoduro, Campo Santa Margherita
Anlegestelle Ca' Rezzonico oder San Basilio

Für das Gebäude, das vor allem wegen des Gemäldezyklus von Tiepolo bekannt ist, entwarf Longhena eine zweigeschossige Fassade mit Zwillingshalbsäulen, die auf hohen Sockeln stehen. Die seitliche Front besitzt eine bossierte Sockelzone und zwei Portale mit Tympanon. Der reich ausgeschmückte, rechteckige Innenraum ist auf jeder Etage zweigeteilt.

LITERATUR: Bassi 1962, S. 154ff.; Pignatti 1981, S. 201ff.

147
Palazzo da Lezze alla Misericordia
1650 - 1660
Cannaregio 3598, Fondamenta della Misericordia
Anlegestelle San Marcuola oder Ca' d'Oro

An der langen Fassade zum Rio hin erscheinen in lockerer Folge die typischen Stilelemente des 17. Jahrhunderts. Gedrängter tauchen sie nochmals an der Seitenfassade neben der Scuola della Misericordia auf. So beweist Longhena, mit schwierigen Grundrißvorgaben konfrontiert, daß er den Umgang mit diesen Elementen mehr oder minder virtuos beherrscht.

LITERATUR: Bassi 1976, S. 282; Biadene 1982, S. 64.

148
Ca' Pesaro
1652 - 1682 und 1703 - 1710
Baldassare Longhena und Antonio Gaspari
Santa Croce 2076, Fondamenta Pesaro
Anlegestelle San Stae

Der Grundriß des weitläufigen Palazzo entspricht dem traditionellen Typus. Wie ein im Museum Correr aufbewahrter Vorentwurf dokumentiert, war die Integration dreier verschiedener Gebäude notwendige Bedingung für den Architekten. Am gelungensten scheinen die Fassaden. Hier ist das Dreiteilungsschema Sansovinoscher Prägung, einem stärker akzentuierten plastischen Geschmack folgend, überarbeitet: die Säulen des Hauptgeschosses sind von der Fassade abgerückt, die Bossen der Sockelzone in Diamantform geschnitten. Als Longhena 1682 starb, war das gigantische Bauwerk bis zum ersten Stock gediehen (in horizontaler Ausdehnung von der Front bis zum Innenhof); es wurde zwanzig Jahre später von Gaspari vollendet. Seit 1923 beherbergt es das Museo d' Arte Contemporanea und das Museo Orientale.

LITERATUR: Bassi 1976, S. 174ff.; Biadene 1982, S. 70ff.

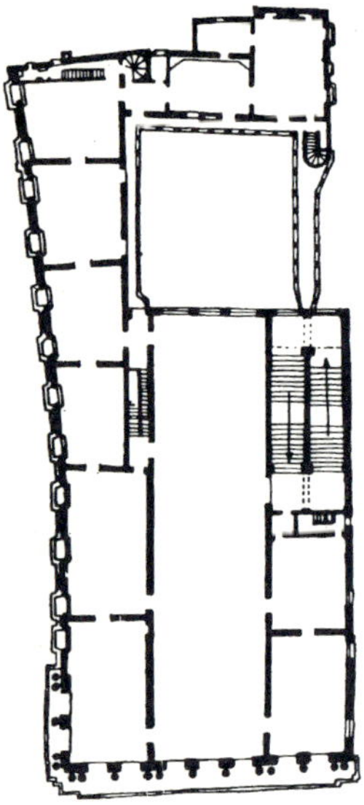

149
Ospedaletto und Chiesa di Santa Maria dei Derelitti
1667 - 1674
Giuseppe Sardi und Baldassare Longhena
Castello 6690, Barbaria delle Tole
Anlegestelle Ospedale

Der Neubau des 1527 gegründeten Ospedaletto wurde im 17. Jahrhundert von Giuseppe Sardi begonnen (von seiner Tätigkeit ist nur die ovale Wendeltreppe erhalten) und von Longhena vollendet. Letzterem verdankt sich auch die angegliederte Kirche, ein rechteckiger Saalbau mit drei Altären auf jeder Seite. Die zweigeschossige Fassade wirkt in ihrer architektonischen und skulpturalen Gliederung überladen und schwer.

LITERATUR: Pilo 1985; Aikema-Meijers 1989, S. 149ff.

150 Ca' Rezzonico

1667 - 1682 und 1750 - 1758

Baldassare Longhena und Giorgio Massari

Dorsoduro 1336, Fondamenta Rezzonico

Anlegestelle Ca' Rezzonico

Zwischen der Ca' Pesaro und diesem Palast, der ursprünglich für die Familie Priuli-Bon bestimmt war, gibt es, über die Größe (hier sei die Geräumigkeit und die Längsausdehnung genannt) und die stilistischen Ähnlichkeiten hinaus, viele Analogien. In beiden Fällen starb Longhena, als das riesige Bauwerk bis zur ersten Etage fertiggestellt war. Dieser Umstand bedingte die Intervention eines zweiten Architekten. Giorgio Massari, der den Weiterbau der Ca' Rezzonico übernahm, beschränkte sich jedoch nicht auf die bloße Fertigstellung. Er schuf den Ballsaal, der den Bau nach Westen hin abschließt und ihm durch Dekor und Ausstattung den Charakter des 18. Jahrhunderts verleiht. Es ist kein Zufall, daß sich hier seit 1935 das Museo del Settecento Veneziano befindet.

LITERATUR: Lorenzetti 1936; Bassi 1976, S. 114ff.; Biadene 1982, S. 90ff.

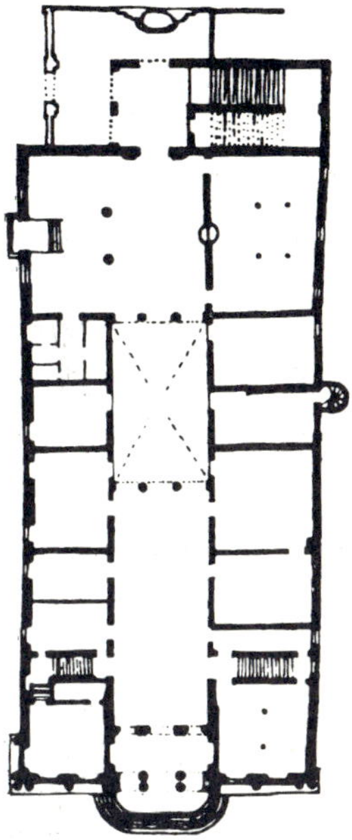

151 Seminario Patriarcale

1669 - 1670

Baldassare Longhena

Dorsoduro 1, Punta della Salute

Anlegestelle Salute

Das Gebäude für die somaskischen Patres wurde, ausgehend von einem der bestehenden Kreuzgänge des Trinitarierklosters, in viereckiger Form errichtet. Nach der Ausweisung der Jesuiten entfalteten die Somasker eine vergleichbare erzieherische Tätigkeit. Nach der Aufhebung des Klosters (1810) ließ sich hier das bis dato auf Murano ansässige Seminario Patriarcale nieder.

LITERATUR: Bassi 1962, S. 156ff.

152
Scuola di San Nicolò und Collegio Flangini bei San Giorgio dei Greci
1678 - 1680
Baldassare Longhena
Castello 3412, Rio dei Greci
Anlegestelle San Zaccaria

Um die Chiesa di San Giorgio herum (vgl. Nr. 88) hat sich ein Kern von Gebäuden der griechischen Gemeinde gebildet. Innerhalb einer ebenfalls sorgfältig gestalteten Einfriedung steht neben dem Palazzo Flangini die kleine und elegante Schule mit ihrer harmonisch komponierten Fassade, an der das Bossenwerk und die stark erhabenen Tafelfelder auffallen. Heute ist sie Sitz der griechischen Kulturinstitutionen.

LITERATUR: Bassi 1962, S. 168ff.; Concino 1989, S. 80ff.

153
Palazzo Battaglia a San Stae
Um 1650
Santa Croce 1783, Calle del Megio
Anlegestelle San Stae

Die traditionellen Strukturelemente treten deformiert und in einer neuen Ordnung arrangiert auf. Das Hauptgeschoß erweist sich hier als extrem hoch, betont vor allem durch aufgebrochene Tympana, während die anderen Stockwerke sehr nieder wirken. Dahinter scheint eine erfahrene und fähige Hand zu stecken, etwa die eines gereiften Longhena.

LITERATUR: Bassi 1976, S. 194ff.

154
Palazzo Flangini a San Geremia
1660 - 1680
Cannaregio 250, Campiello Flangini
Anlegestelle Stazione

Auch dieser Palast ist scheinbar Longhena zuzuschreiben. Die regelmäßigen Gestaltungseinheiten der Fassade am Canal Grande erinnern stark an die Ca' Pesaro und die Ca' Rezzonico. Nachdem ein Seitenflügel nicht gebaut wurde, verblieb die Anlage in Grund- und Aufriß asymmetrisch. Trotzdem wirkt die Komposition ausgewogen.

LITERATUR: Bassi 1976, S. 220ff.

155
Palazzo Moro-Lin a San Samuele
Um 1670
Sebastiano Mazzoni
San Marco 3242, Calle Morolin
Anlegestelle San Samuele

Von einem toskanischen Maler für einen Malerkollegen entworfen, ist das Gebäude an der Kanalbiegung als Palast mit den dreizehn Fenstern bekannt. Vollständig bossiert, ist die aufs Wasser weisende Fassade in ihrer ganzen Breite von einer durch Lisenen unterbrochenen Fensterreihe rhythmisiert. 1703 wurde ohne jede Sensibilität ein weiteres Stockwerk aufgesetzt.

LITERATUR: Bassi 1976, S. 480ff.

156
Scuola Ponentina al Ghetto Vecchio
Um 1660 vollendet
Cannaregio 1149, Calle Ghetto Vecchio
Anlegestelle Ponte dell Guglie

Mit dieser Synagoge, auch Scuola Spagnola genannt, wurde häufig Longhena in Verbindung gebracht. Tatsächlich handelt es sich, wie Concina bekräftigt, um den ersten vollständig durchkonzipierten baulichen Organismus in der Geschichte des Ghettos. Das Innere ist in üblicher Manier als Aula mit Empore angelegt; die Außenseite wurde durch vier über dem Eingangsportal liegende Großfenster akzentuiert.

LITERATUR: Concina 1991, S. 124ff.

157
Scuola Levantina al Ghetto Vecchio
1683 - 1700
Cannaregio 1228, Calle del Ghetto Vecchio
Anlegestelle Ponte delle Guglie

Die Synagoge der aschkenasischen Gemeinde weist verstärkt die Eigenheiten auf, die schon bei der Scuola Spagnola zutage treten. Jegliche Introvertiertheit ist verschwunden; statt dessen präsentiert sie eine Fassade, die durch Tafelfelder und eiförmige Fenster auf sich aufmerksam macht. Im Innern fällt die Tevà ins Auge, der hölzerne Baldachinaltar mit Spiralsäulen.

LITERATUR: Concina 1991, S. 133ff.

158
Scuola Grande di San Teodoro
1579 - 1613 und 1649 - 1655
Tommaso Contin und Giuseppe San Salvador
San Marco 4811, Campo San Salvador
Anlegestelle Rialto

Die als Zwilling erscheinenden Fassaden von San Salvador und der Scuola Grande dominieren den Platz. Zweigeschossig, gekrönt von Tympana und Akroterien, stammen beide von Sardi, zwischen 1649 und 1663 dank der großzügigen testamentarischen Stifung des Kaufmanns Jacopo Galli gebaut. Nach einer unglücklich wechselvollen Geschichte, die erst nach 1608 einer Lösung entgegenging, wurde jetzt endlich der Bau der Scuola vollendet.

LITERATUR: Bassi 1962, S. 73 und 186ff.

159
Chiesa degli Scalzi (oder Santa Maria di Nazareth)
1660 - 1689
Baldassare Longhena und Giuseppe Sardi
Cannaregio, Fondamenta della Stazione
Anlegestelle Stazione

Im Vergleich mit dem Ospedaletto sind hier die Rollen vertauscht. Den von Longhena einschiffig konzipierten und mit Seitenkapellen ausgestatteten Bau versah Sardi nach 1672 mit einer differenziert ausgestalteten Fassade: Zweigeschossig definieren Halbsäulen den Raum für die Nischen. Der unzweifelhafte Reichtum an Ornamentik beeinträchtigt nicht das kompositorische Gleichgewicht.

LITERATUR: Bassi 1962, S. 190; Franzoi-Di Stefano 1976, S. 98ff.

160
Chiesa di Santa Maria del Giglio (oder Zobenigo)
1678 - 1683
Giuseppe Sardi
San Marco, Campo Santa Maria del Giglio
Anlegestelle Santa Maria del Giglio

Noch reicher und differenzierter erscheint in dieser Fassade das zweigeschossige, von Sardi schon in der Chiesa degli Scalzi angewandte Schema. Es handelt sich in diesem Fall um ein Bauwerk, das erneuert wurde auf Kosten und zum Ruhme der Familie Barbaro. Auf sie beziehen sich die vier Nischenstatuen und die seltsamen Reliefs befestigter Städte in der Sockelzone.

LITERATUR: Bassi 1962, S. 196ff.; Franzoi-Di Stefano 1976, S. 326ff.

161
Palazzo Savorgnan a San Geremia
Um 1680
Giuseppe Sardi
Cannaregio 349, Fondamenta Savorgnan
Anlegestelle Ponte delle Guglie

An der zum Canale di Cannaregio weisenden Front finden sich all die Elemente wieder, die für den Profanbau des 17. Jahrhunderts typisch sind, und zwar in der Art, wie sie Longhena kodifizierte (das Bossenwerk, die Tafelfelder, die Bogenfenster mit skulptierten Köpfen in den Scheiteln). Auch die Innenräume mit ihren skulpturalen Dekorationen und den polychromen oder im Veroneser Rot gehaltenen Marmorverkleidungen scheinen dem Geschmack und den Erwartungen der Zeit zu entsprechen.

LITERATUR: Bassi 1976, S. 293ff.

162
Chiesa di Santa Croce degli Armeni
1675 - 1682
San Marco, Calle degli Armeni
Anlegestelle San Marco oder San Zaccaria

In der Nähe der Kirche San Zulian erhebt sich in einem von der armenischen Gemeinde bewohnten Gebiet dieses kleine Gotteshaus der Mechitaristenpatres. Ganz nach innen orientiert, besteht es aus einem Kubus mit aufgesetzter halbkugelförmiger Kuppel. Damit steht das Gebäude, das von vielen Giuseppe Sardi zugeschrieben wird, in der neobyzantinischen Tradition.

LITERATUR: Bassi 1962, S. 195ff.; Franzoi-Di Stefano 1976, S. 362.

163
Dogana da Mar
1677 - 1678
Giuseppe Benoni
Dorsoduro, Punta della Salute
Anlegestelle Salute

Aus den vielen vorgelegten Entwürfen (zuerst von Longhena, dann von Sardi und Cominelli) wurde der des Wasserbauingenieurs Benoni gewählt: Sein sonderbares Bauwerk sollte sich dem Bacino di San Marco herausfordernd entgegenstellen. Der Eckturm der Zollanlage mit seiner goldenen Kugel bildet - sowohl in bezug auf die horizontale als auch auf die vertikale Ausdehnung - die Spitze einer an architektonischen Elementen reichen Komposition.

LITERATUR: Bassi 1962, S. 158ff.

164
Ponte dei Tre Archi
1688
Andrea Tirali
Cannaregio, Canale di Cannaregio
Anlegestelle Tre Archi

Die Brücke ist das erste Bauwerk des gerade zum Vizebaumeister der Magistratura alle Acque ernannten Tirale. Sie ist in der Art der antiken Brücken konstruiert und erinnert mit ihrem erhöhten Mittelbogen an den Entwurf, den Scamozzi hundert Jahre früher für den Neubau der Rialtobrücke vorgelegt hatte.

LITERATUR: Bassi 1962, S. 270.

165
Chiesa di San Moisè
1668 begonnen
Alessandro Tremignon
San Marco, Campo San Moisè
Anlegestelle San Marco

Die Kirche ist die im Laufe des 17. Jahrhunderts vorgenommene Erneuerung eines mittelalterlichen Baus. Eine angemessene Stiftung der Familie Fini ermöglichte die Errichtung einer neuen Fassade, die Tremignon in sehr ausladenden Formen gestaltete. Das dreiteilige Schema der postpalladianischen Kirchen ist hier durch ein Übermaß an Dekor verunklärt.

LITERATUR: Bassi 1962, S. 233ff.; Franzoi-Di Stefano 1976, S. 318ff.

166
Palazzo Fini a San Moisè
Um 1688
Alessandro Tremignon
San Marco 2322, Calle Minotto
Anlegestelle San Marco

Der Palazzo wurde für die griechische Familie der Flangini erbaut; nach 1688 ließ ihn die Familie Fini vom Architekten ihres Vertrauens erneuern. Der Bau ist konventionell in Struktur und Formelementen, wie den Balustradenpolyforen in doppelter Reihung, und hat nichts von der Üppigkeit der Kirche von San Moisè. Heute hat hier das Consiglio Regionale del Veneto seinen Sitz.

LITERATUR: Bassi 1976, S. 86ff.

167
Palazzo Michiel delle Colonne
1697 vollendet
Antonio Gaspari
Cannaregio 4314, Calle del Duca
Anlegestelle Ca' d'Oro

Die Fassade am Canal Grande verdeutlicht die Geschichte dieses Palastes, dessen Aussehen Gaspari veränderte. Sein Name rührt her von der hohen (und disproportionierten) Säulenreihe des Erdgeschosses, an der sich die venezianisch-byzantinische Struktur des Bauwerks offenbart. Im 18. Jahrhundert wurde der Palazzo zur Residenz der Familie Gonzaga.

LITERATUR: Bassi 1962, S. 248.

168
Palazzo Giustinian a Murano
1689 - 1700
Antonio Gaspari
Murano, Fondamenta Giustinian
Anlegestelle Museo

Der ursprünglich aus dem 14. Jahrhundert stammende Palazzo wurde von Gaspari in typischen, wenn auch vereinfachten Formen des späten 17. Jahrhunderts erneuert. 1707, zum Zeitpunkt der Verlegung des Patriarchensitzes von Torcello nach Murano, wurde er die Residenz des Bischofs von Torcello (und blieb es bis 1805). Seit 1861 befindet sich hier das Glasmuseum.

LITERATUR: Bassi 1962, S. 248; Lorenzetti 1963, S. 808ff.

169
Palazzo Zenobio ai Carmini
1690 - 1700
Antonio Gaspari
Dorsoduro 2593 - 2597, Fondamenta del Soccorso
Anlegestelle Ca' Rezzonico

Auf der Seite am Rio ist die lange Fassade durch einen flachen Mittelgiebel im römischen Stil belebt. In Wirklichkeit verbirgt die gleichförmig entwickelte Front ein komplexes Gebäude in der Form eines großen C, das sich an der Rückseite zu einem schönen Garten im italienischen Stil öffnet. Der Palast ist im Besitz der Mechitaristenpatres und beherbergt das Collegio Armeno.

LITERATUR: Bassi 1976, S. 348ff.

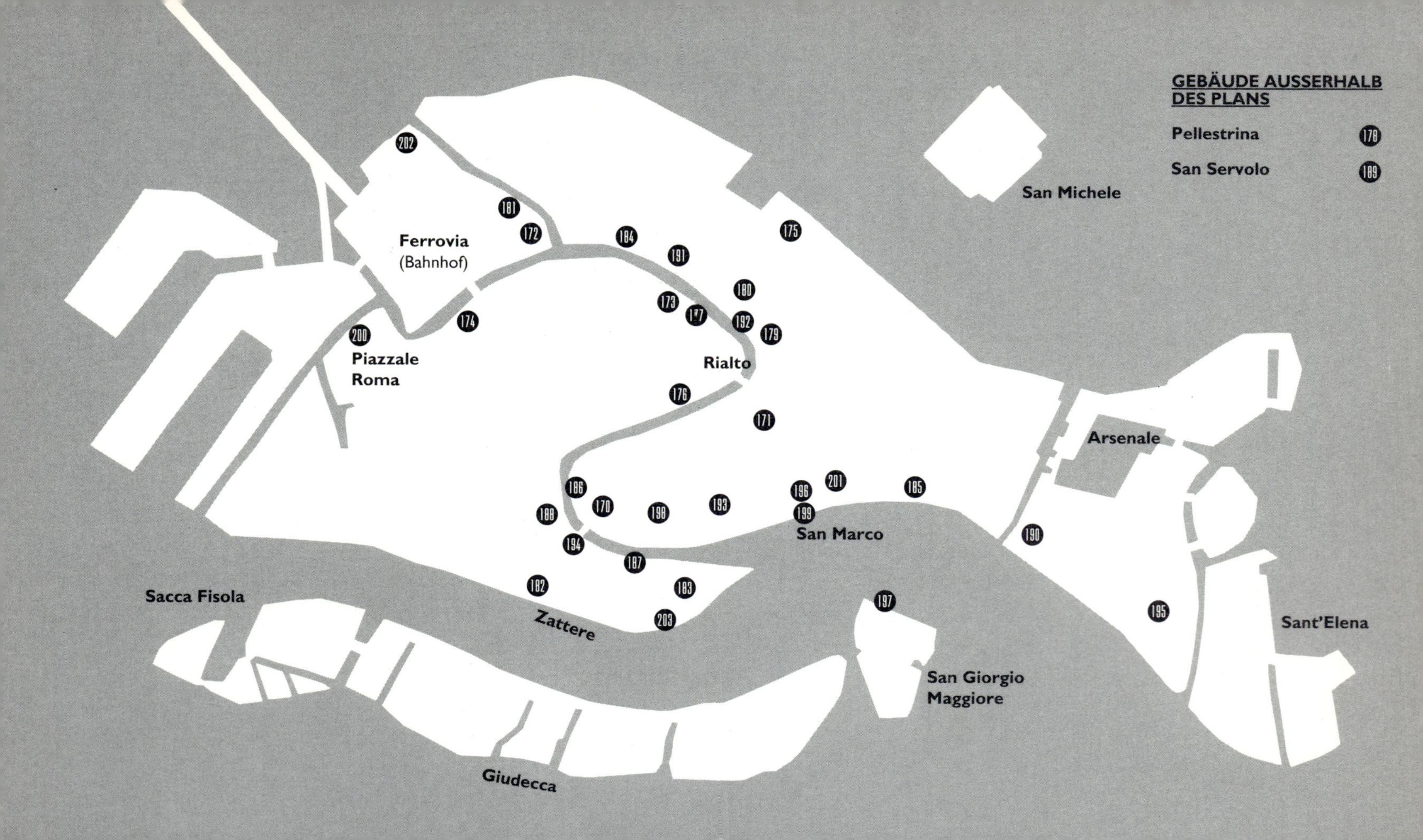
GEBÄUDE AUSSERHALB DES PLANS
Pellestrina 178
San Servolo 189
San Michele
Ferrovia
(Bahnhof)
Piazzale
Roma
Rialto
Arsenale
San Marco
Sacca Fisola
Zattere
Giudecca
San Giorgio
Maggiore
Sant'Elena
202
181
172
184
191
175
180
173
177
192
179
200
174
176
171
186
170
198
193
196
201
185
188
199
194
187
190
182
183
197
203
195

Das Venedig des 18. Jahrhunderts und des Klassizismus

Die Musik Vivaldis, die Komödien Goldonis, die Gemälde von Guardi und Canaletto, sie sind die letzten kulturellen Höhepunkte einer Welt, die ihrer Auflösung entgegengeht.
Kein Grand Siècle jedoch für die venezianische Architektur, es sei denn, man beurteilt sie lediglich nach den Kategorien Größe und Luxus. Diese zum Maßstab genommen, wären die riesigen (mehr oder minder vollendeten) Palazzi an den Ufern des Canal Grande freilich unübertroffen.
Es gibt keinen dominierenden Architekten. Vor allem Tirali und Massari, aber auch Visentini, Temanza, Scalfarotto gleichen sich, besonders durch ihren Rückbezug auf das Vorbild Palladio. Viele Kirchen des 18. Jahrhunderts replizieren die Fassade von San Giorgio. Im Unterschied dazu fällt der Innenraum der Chiesa della Pietà durch die Originalität seiner Konzeption auf. Vielleicht ist dies das bedeutendste architektonische Ereignis dieser Periode.
Erst ganz am Ende des Jahrhunderts tritt Selva in Erscheinung, der mit dem Entwurf für das Theater La Fenice debütiert. Beim Fall der Republik wird er zum Interpreten der großen napoleonischen Programme. Sein Werk sind der Palazzo und die Giardini Reali bei San Marco, aber auch neue öffentliche Einrichtungen wie die Gemäldegalerie, das Krankenhaus, das Archiv, alles Liegenschaften der aufgehobenen Klöster. In dieser sogenannten klassizistischen Phase tendiert der Architekt dazu, nur einige Elemente der Formensprache des Altertums herauszugreifen und zu betonen. Auch in der Restaurationszeit wird dann die Architektur öffentlicher Bauten einem vereinfachten Klassizismus verpflichtet sein.

170
Ehemalige Chiesa di San Vidal
1696 - 1700 und 1734 - 1737
Antonio Gaspari und Andrea Tirali
San Marco, Campo Santo Stefano
Anlegestelle San Samuele oder Accademia

Dank der testamentarischen Stiftung des Dogen Contarini wurde das mittelalterliche Bauwerk von Gaspari zur einschiffigen Kirche umgebaut. Die Fassade folgte später, und zwar nach einem Entwurf Tiralis, der eine neopalladianische Gestaltung vorsah, die jener der Chiesa di San Francesco della Vigna sehr ähnelt. Die profanierte Kirche wird heute für Zeitausstellungen genutzt.

LITERATUR: Bassi 1962, S. 284ff.; Franzoi-Di Stefano 1976, S. 337ff.

171
Chiesa di Santa Maria della Fava
1705 - 1715 und 1750 - 1753
Antonio Gaspari und Giorgio Massari
Castello, Campo della Fava
Anlegestelle Rialto

Hier gelang es Gaspari nicht, eine Reihe von Entwürfen zu verwirklichen, die im Stile Borrominis geschwungene Linien und übereinandergelagerte geometrische Motive vorsahen. Obwohl eine Notlösung, entbehrt die Innengestaltung (ein Saal mit abgerundeten Ecken) nicht der Eleganz, was sich auch dem nachfolgenden Eingriff Massaris verdankt, von dem das Presbyterium und die Decke stammt.

LITERATUR: Bassi 1962, S. 262; Franzoi-Di Stefano 1976, S. 418ff.

172
Palazzo Labia
Um 1700
Alessandro Tremignon und Andrea Cominelli
Cannaregio 334, Campo San Geremia
Anlegestelle Stazione

Der große Palazzo (heute eine regionale Niederlassung der RAI) zählt zu den prunkvollsten, die im 18. Jahrhundert in Venedig errichtet wurden. Auch die Innengestaltung, berühmt wegen der Freskierung und der aufwendigen Dekoration, gehört in diese Periode. Was die Fassaden anbelangt, alle am Stil Longhenas orientiert, so ist die am Campo das Werk Tremignons, die am Wasser das Werk Cominellis.

LITERATUR: Bassi 1976, S. 204ff.; Martinelli-Pedrocco-Pignatti 1982.

173
Chiesa di San Stae
1678 - 1700 und 1709 - 1710
Giovanni Grassi und Domenico Rossi
Santa Croce, Campo San Stae
Anlegestelle San Stae

Der einschiffige Innenraum mit Seitenkapellen, in dem sich Gemälde der größten Künstler des 18. Jahrhunderts befinden, ist das Werk Grassis. Für die Fassade lagen zwölf Entwürfe vor und man entschied sich für Rossis Lösung mit gigantischen korinthischen Säulen auf hohen Sockeln. Statuen finden sich in den Nischen und oberhalb des Tympanon. Das Schema erweist sich als Übergangsform zwischen dem Barock eines Sardi und den neopalladianischen Ausdrucksformen, die dabei sind, sich durchzusetzen.

LITERATUR: Tramontin 1961; Franzoi-Di Stefano 1976.

174
Chiesa di San Simon Piccolo (oder San Simeone e Giuda)
1718 - 1738
Giovanni Antonio Scalfarotto
Santa Croce, Fondamenta San Simon Piccolo
Anlegestelle Stazione

Das merkwürdige Gebäude ist dem Pantheon nachgebildet. Auch hier ist ein Pronaos mit korinthischen Säulen einem Zentralbau vorgelagert, dessen Kuppel jedoch im Verhältnis zum Tambour disproportioniert wirkt. Es heißt, der Baumeister Scalfarotto habe mit diesem Bau ein Pendant schaffen wollen zur Chiesa della Salute, die am anderen Ende des Canal Grande liegt.

LITERATUR: Bassi 1962, S. 335ff.; Franzoi-Di Stefano 1976, S. 77ff.

175
Chiesa dei Gesuiti (oder Santa Maria Assunta)
1715 - 1728
Domenico Rossi
Cannaregio, Campo dei Gesuiti
Anlegestelle Fondamente Nuove

Einmal in Venedig wieder zugelassen (1657), erwarben die Jesuiten das Kloster der Crosecheri, aber erst später konnten sie dessen mittelalterliche Kirche erneuern. Es handelt sich um einen Longitudinalbau mit Seitenkapellen und einer Vierungskuppel. Auch die Fassade, möglicherweise in Zusammenarbeit mit Giovanni Battista Fattoretto entstanden, folgt dem Gestaltungsprinzip jesuitischer Architektur.

LITERATUR: Bassi 1962, S. 218ff.; Franzoi-Di Stefano 1976, S. 150ff.

176
Palazzo Maffetti-Tiepolo
1712
Domenico Rossi
San Polo 1957, Campo San Polo
Anlegestelle San Tomà oder San Silvestro

Besonders die Fassade am Campo verrät einen deutlichen Einfluß der von Longhena und Sardi entwickelten Konzeptionen. Für das Werk Rossis charakteristisch ist, wie Elena Bassi feststellt, die gestalterische Bearbeitung der Schlußsteine und der Konsolen. Dies gilt vor allem für die Schmuckelemente des Portals, wahre Skulpturen im eigentlichen Sinne.

LITERATUR: Bassi 1976, S. 338ff.

177
Ca' Corner della Regina
1724 - 1727
Domenico Rossi
Santa Croce 2214, Calle Corner
Anlegestelle San Stae

Wie die nahegelegene Ca' Pesaro steht der Palazzo auf einer langgezogenen Grundfläche; trotz der unregelmäßigen Form des Grundstückes gelang Rossi eine symmetrische Lösung. Auf der dem Canal Grande zugekehrten Schmalseite kam das übliche Repertoire von Stilelementen zur Anwendung, jedoch in einer vertikalen Verzerrung der Proportionen.

LITERATUR: Bassi 1976, S. 166ff.

178
Chiesa di Santa Maria del Soccorso (oder di San Vito)
1723
Andrea Tirali
Pellestrina
Anlegestelle Pellestrina

Tirali baute das kleine Gotteshaus in istrischem Kalkstein im Kontext maritimer Verteidigungsanlagen (darunter auch die Murazzi), die er in seiner Funktion als Oberbaumeister der Magistratura alle Acque am Mündungstrichter errichtete. Es handelt sich um einen Oktogonalbau, der durch die Wiederaufnahme palladianischer Motive einen gänzlich klassizistischen Charakter erhielt.

LITERATUR: Lorenzetti 1963, S. 835

179

Scuola dell'Angelo Custode

Um 1730

Andrea Tirali

Cannaregio, Campo Santi Apostoli

Anlegestelle Ca' d'Oro

Heute von der evangelischen Kirche genutzt, stellt das Gebäude die letzte Patronatsschule dar, die in Venedig gebaut wurde. Seine Raumstruktur folgt dem traditionellen Muster: ein unterer und ein oberer Saal sind über eine zweirampige Treppe miteinander verbunden. Entlang der vier Fassaden verlaufen Gesimse, die nur von den Fenstertympana unterbrochen werden.

LITERATUR: Bassi 1962, S. 280ff.

180

Palazzo Diedo a Santa Fosca

1710 - 1720

Andrea Tirali

Cannaregio 2386, Fondamenta Diedo

Anlegestelle San Marcuola

Von Kanälen und niedriger Bebauung umgeben, verfügt der Palazzo über vier Fassaden und vier Eingänge, die in ein kreuzförmiges Atrium führen. Die Fassaden sind kaum verziert, ihre kahle Oberfläche lediglich durch Gesimsstreifen und Tafelfelder gegliedert. So fallen vor allem die hohen Rundbogenfenster ins Auge. Der Palazzo dient heute als Grundschule.

LITERATUR: Bassi 1976, S. 450ff.

181

Palazzo Priuli-Manfrin

Um 1735

Andrea Tirali

Cannaregio 423, Ponte delle Guglie

Anlegestelle Stazione oder San Marcuola

Angesichts dieses Werkes des späten Tirali wurde mitunter von modernistischen Antizipationen gesproche. Die Fassade am Kanal weist in der Tat eine klare Gliederung auf, in der die Abfolge rechteckiger Fenster lediglich von Tafelfeldern unterbrochen wird. Ungewöhnlich ist auch, daß der Palazzo nicht dreiflüglig, sondern um einen kleinen zentralen Innenhof herum angelegt ist.

LITERATUR: Bassi 1962, S. 288ff.

182
Chiesa e Convento di Santa Maria del Rosario (oder Gesuati)
1726 - 1736
Giorgio Massari
Dorsoduro, Zattere ai Gesuati
Anlegestelle Zattere

Sowohl in der dreiteiligen Fassade mit hohen korinthischen Säulen als auch im Grundriß (mit Doppelapsischor und Seitenkapellen) sind Motive Palladios aufgegriffen. Im geschwungenen Verlauf des Innenraumes fällt die Säulenexedra hinter dem Hauptaltar ins Auge. Von ungefähr 1750 stammt das angegliederte Klostergebäude mit seinem schönen viereckigen Portikus und einer ovalen Treppe.

LITERATUR: Bassi 1962, S. 300ff.; Franzoi-Di Stefano 1976, S. 208ff.

183
Ospizio dei Catecumeni
1727
Giorgio Massari
Dorsoduro 108, Rio terà dei Catecumeni
Anlegestelle Salute

Dieses Gebäude war Sammlungs- und Unterbringungsort für Gefangene aus dem Osten, die auf ihre Aufnahme in die Katholische Kirche warteten. Massari strukturierte die Anlage nach Maßgabe des im 16. und 17. Jahrhundert definierten Schemas um. Zwei Höfe flankieren die Kirche, deren differenziert gestaltete Fassade die sonstige Monotonie und stilistische Armut der Außenwände unterbricht.

LITERATUR: Aikema-Meijers 1989, S. 215ff.

184
Chiesa di San Marcuola (oder Santi Ermagora e Fortunato)
1728 - 1736
Giorgio Massari
Cannaregio, Campo San Marcuola
Anlegestelle San Marcuola

Der erste Kern der neuen Kirche ist die Kapelle des Hochaltars, die im 17. Jahrhundert erneuert wurde. Nachdem die Entwürfe Gasparis abgelehnt wurden, konnte Massari das gewohnte Schema eines einschiffigen Langhauses mit Seitenkapellen anwenden. An der Fassade, die möglicherweise ähnlich strukturiert sein sollte wie die der Chiesa della Pietà, kamen nur das Portal und vier Sockel zur Ausführung.

LITERATUR: Bassi 1962, S. 306ff.; Franzoi-Di Stefano 1976, S. 117ff.

185
Chiesa della Pietà (oder della Visitazione)
1744 - 1760
Giorgio Massari
Castello, Riva degli Schiavoni
Anlegestelle San Zaccaria

Das Gebäude aus dem 15. Jahrhundert war bekannt wegen der Konzerte, die von den Orchestern der Hospizmädchen unter der Leitung Vivaldis gegeben wurden. Massari plante den Umbau, und dieses Mal wandte er das bekannte Motiv der Rundung auf einen Zentralbautyp an (mit vorgelagertem Vestibül wie in den Kirchen Scamozzis). Akustische Notwendigkeiten und Rückbezüge auf berühmte Beispiele (den römischen Barock und Sansovinos Chiesa degli Incurabili) bedingten einen ovalen Grundriß, der mit dem Aufriß harmoniert. Die Fresken von Tiepolo vervollständigen ein einzigartiges Kunstensemble, das einige dazu veranlaßte, von einem Meisterwerk des venezianischen 17. Jahrhunderts zu sprechen. Massaris Plan für das Hospital sollte unausgeführt bleiben.

LITERATUR: Franzoi-Di Stefano 1976, S. 481ff.; Aikema-Meijers 1989, S. 197ff.

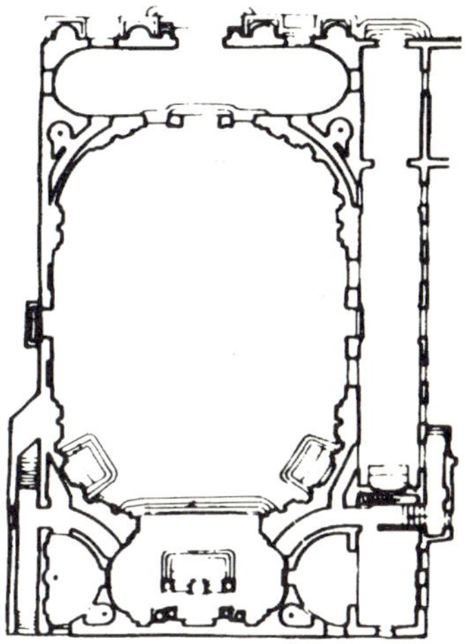

186
Palazzo Grassi
1748 - 1772
Giorgio Massari
San Marco 3231, Campo San Samuele
Anlegestelle San Samuele

Der letzte, anachronistische Patrizierpalast, in riesigen Dimensionen am Ufer des Canal Grande auf trapezförmigem Grundriß gebaut, umschließt einen monumentalen Säulenhof, in dem sich auch ein dreirampiger Treppenaufgang befindet. In dem Palast, der der IFI FIAT-Gruppe gehört, hat die Palazzo Grassi-Stiftung ihren Sitz, und hier finden zur Zeit international beachtete Kunstausstellungen statt.

LITERATUR: Bassi 1962, S. 324ff.; Romanelli-Pavanello 1986.

187
Palazzo Venier dei Leoni (Fondazione Peggy Guggenheim)
1749
Lorenzo Boschetti
Dorsoduro 701, Calle San Cristoforo
Anlegestelle Accademia oder Salute

Gleichzeitig mit dem Palazzo Grassi errichtet, sollte der Palazzo diesem in Umfang und Monumentalität nicht nachstehen. Zustande kam jedoch nur das am Canal Grande gelegene Sockelgeschoß in weißem istrischem Kalkstein. Der Bau wurde später zur Residenz Peggy Guggenheims, die hier Werke der wichtigsten Künstler des 20. Jahrhunderts sammelte, Werke, die heute zum Bestand eines ihr gewidmeten Museums gehören.

LITERATUR: Bassi 1962, S. 342.

188
Chiesa di San Barnaba
1749 - 1776
Lorenzo Boschetti
Dorsoduro, Campo San Barnaba
Anlegestelle Ca' Rezzonico

Gänzlich in istrischem Kalkstein und nur mit einer einzigen Reihe korinthischer Säulen aufgeführt, kopiert die Fassade das an der Chiesa di Santa Maria del Rosario formulierte Vorbild. Auch in dem einschiffigen Innenraum finden sich der Architektur Massaris entlehnte Elemente wieder wie die Halbsäulen auf hohen Sockeln und die Vorliebe für polychrome Verkleidungen.

LITERATUR: Franzoi-Di Stefano 1976, S. 198ff.

189
Chiesa und Ospedale di San Servolo
1734 - 1759
Tomaso Temanza und Giovanni Antonio Scalfarotto
Isola di San Servolo
Anlegestelle San Servolo

Aus einer schon bestehenden benediktinischen Anlage entwickelte sich im Laufe des 18. Jahrhunderts ein Klinikkomplex für Geisteskranke (bis 1975 in dieser Funktion genutzt). Die kleine Kirche wurde 1749 von Temanza umgestaltet. Das Hospital ist das Werk Scalfarottos und stammt vermutlich aus derselben Zeit.

LITERATUR: Lorenzetti 1963, S. 797ff.

190
Chiesa di San Biagio
1749 - 1754
Filippo Rossi
Castello, Riva San Biagio
Anlegestelle Arsenale

Einst von der griechischen Gemeinde genutzt, wurde die Kirche vom Oberbaumeister des Arsenals in den jetzigen, sonderbaren Formen erneuert. Zur Marinekirche wurde sie endgültig im Jahre 1818, als das Denkmal für Angelo Emo, den letzten Admiral und Erneuerer der venezianischen Flotte, hierher versetzt wurde.

LITERATUR: Franzoi-Di Stefano 1976, S. 500ff.

191
Chiesa della Maddalena
Um 1760
Tomaso Temanza
Cannaregio, Campo della Maddalena
Anlegestelle San Marcuola

Es handelt sich um einen Zentralbau, den Temanza auf einem sechseckigen Grundriß errichtete. In Anlehnung an das Pantheon präsentiert er sich außen als Assemblage einer Flachkuppel und eines Tambours mit vorgelagertem Pronaos (in diesem Falle an den Baukörper angeschlossen und von ionischen Säulenpaaren getragen).

LITERATUR: Franzoi-Di Stefano 1976, S. 120ff.

192
Palazzetto Mangilli-Valmarana
1740 - 1751
Antonio Visentini
Cannaregio 4392, Rio dei Santi Apostoli
Anlegestelle Ca' d'Oro

Das mittlere Kranzgesims markiert die Verlaufslinie der Dachtraufe des ursprünglichen Gebäudes, das nicht der Eleganz entbehrt: Es wurde von Visentini für den Konsul Smith, bekannt als Sammler und Förderer der Kunst, erbaut. Nach 1784 plante Giannantonio Selva die beiden zusätzlichen Obergeschosse und erneuerte gleichzeitig die gesamte Innendekoration.

LITERATUR: Bassi 1962, S. 362ff.; Bassi 1976, S. 9ff.

193
Teatro La Fenice
1790 - 1792
Giannantonio Selva
San Marco 1965, Campo San Fantin
Anlegestelle Santa Maria del Giglio oder San Marco

Der junge Selva gewann unerwartet den Wettbewerb für dieses große Theater. Überraschend ist seine Fähigkeit, die komplexe Funktionsstruktur auf dem unglücklich geschnittenen Grundstück unterzubringen. Die Zeitgenossen waren beeindruckt von dem großen, elegant dekorierten Theatersaal, wie damals üblich in Hufeisenform angelegt. Von einer gewissen Wirkung, wenn auch in ganz anderem Sinne, ist die Sala Apollinea, so benannt nach dem Philharmonieorchester, das hier bis 1860 seine Konzerte gab. Die Hauptfassade am Campo San Fantin ist trotz der Kolonnade vor dem Eingang zu klein geraten. 1836 wurde das Gebäude durch einen Brand zerstört. Den Brüdern Meduna, Schülern Selvas, gelang eine dem Original sehr getreue Rekonstruktion.

LITERATUR: Mangini 1974, S. 165ff.; Brusatin-Pavanello 1987; Romanelli 1988, S. 297ff.

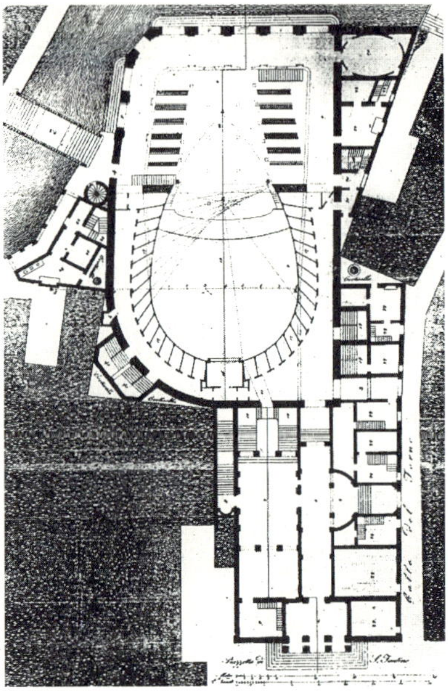

194
Galleria e Accademia di Belle Arti
1807 - 1811
Giannantonio Selva
Dorsoduro 1050, Campo della Carità
Anlegestelle Accademia

Die Institution selbst geht auf das Jahr 1750 zurück, aber erst auf Grund der napoleonischen Säkularisierungen bezog sie ihren jetzigen Gebäudekomplex, in den das Lateranklostcr, die Kirche und die Scuola della Carità (vgl. Nr. 46 und 111) integriert sind. Francesco Lazzari erneuerte die Fassade der Scuola, die nun zum Eingangsbereich wurde; ein neuer Loggiengang verbindet sie mit dem von Palladio errichteten Flügel und mit der ehemaligen Kirche.

LITERATUR: Bassi 1978; Romanelli 1978/a, S. 238ff.; Biadene 1985/a.

195
Giardini Napoleonici
1810
Giannantonio Selva
Castello, Via Garibaldi
Anlegestelle Giardini

Die Anlage der Gärten gehörte zum Verschönerungsprogramm, das die Commissione d'Ornato 1807 erstellte. Die im rechten Winkel zur neuen Via Eugenia (heute Via Garibaldi) liegende Grünzone wurde durch den Abbruch von Gebäuden gewonnen, die zum größten Teil in kirchlichem Besitz gewesen waren. Sie ist in der Form einer von Bäumen gesäumten Promenade angelegt, die an einer Reihe von kleinen Denkmälern vorbeiführt.

LITERATUR: Romanelli 1977, S. 50ff.; Romanelli 1978/b, S. 197ff.

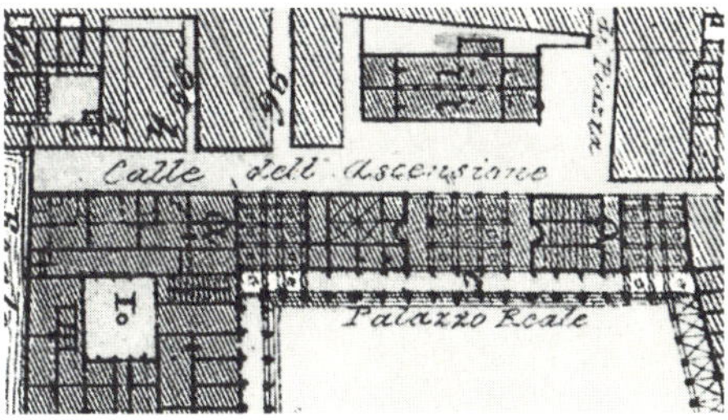

196
Ala Napoleonica
1810 - 1815
Giovanni Antonio Antolini, Giuseppe Maria Soli und Lorenzo Santi
San Marco 76 - 79, Piazza San Marco
Anlegestelle San Marco

Im Zusammenhang mit dem Bau des Palazzo Reale (und insbesondere einer Zugangstreppe und eines Tanzsaales) stehend, schließt das Gebäude die Schmalseite der Piazza auf der Seite der Procuratie Nuove, von denen das Dekorationsprogramm übernommen ist. Die gegenüberliegende Front, an der Öffnung zur Piazza, richtet sich mehr nach dem Zeitgeschmack. Für seinen Bau wurde die von Sansovino errichtete Kirche San Geminiano abgerissen.

LITERATUR: Romanelli 1977, S. 77ff.; Biadene 1985/b.

197
Darsena del Porto Franco
1810 - 1815
Giuseppe Mezzani und R. Venturelli
Isola di San Giorgio
Anlegestelle San Giorgio

Nach der Aufhebung des Benediktinerklosters wurde 1806 die gesamte Insel zur Freihandelszone erklärt. Nun entstand zwischen dem Kloster und der neuen Landungsstelle eine Dockanlage. Gegenüber befindet sich der Hafen mit dem Damm und den beiden aus istrischem Kalkstein errichteten Leuchttürmen am äußersten Ende.

LITERATUR: Romanelli 1977, S. 102ff.

198
Chiesa di San Maurizio
1806 - 1828
Giannantonio Selva und Antonio Diedo
San Marco, Campo San Maurizio
Anlegestelle Santa Maria del Giglio

Das bestehende Gebäude wurde verändert, bis es die Form des griechischen Kreuzes annahm. Das Schema folgt dem Vorbild Codussis mit Zentralkuppel und vier tonnengewölbten Armen. Deren Gleichwertigkeit erlaubte die Versetzung der Hauptfassade, die nun, einfache Motive der Klassik nachahmend, am Campo errichtet wurde.

LITERATUR: Franzoi-Di Stefano 1976, S. 329ff.

199
Coffee House ai Giardini Reali
1815 - 1817
Lorenzo Santi
San Marco, Molo
Anlegestelle San Marco

Das kleine, anmutige Gebäude wurde in napoleonischer Zeit geplant als Teil des königlichen Residenzviertels, für dessen Errichtung 1806 die Kornspeicher abgerissen wurden. Höfische Architektur im Liliputformat, wurde das Kaffeehaus jedoch erst zu Beginn der Restaurationszeit gebaut.

LITERATUR: Romanelli 1977, S. 185ff.; Romanelli 1988, S. 169ff.

200
Chiesa del Nome di Gesù
1815 - 1834
Giannantonio Selva und Antonio Diedo
Santa Croce, Fondamenta Santa Clara
Anlegestelle Piazzale Roma

Deutlich tritt in diesem kleinen und harmonischen Gotteshaus ein archäologischer Geschmack vermutlich englischer Herkunft zutage. Außergewöhnlich ist im Innern die Anwendung des Tonnengewölbes, quer über dem Presbyterium liegend und vom Langhaus durch zwei ionische Säulen getrennt.

LITERATUR: Franzoi-Di Stefano 1976, S. 90ff.; Romanelli 1978/b, S. 229ff.

201
Palazzo Patriarcale
1836 - 1850
Lorenzo Santi
San Marco 318, Piazzetta dei Leoncini
Anlegestelle San Zaccaria

Der Zweck des Gebäudes war ein doppelter: zum einen sollte dem Patriarchen ein neuer Sitz nahe San Marco bereitgestellt werden, zum anderen sollte die Piazzetta dort, wo die Nordseite der Basilika und der Dogenpalast aneinanderstoßen, ein würdiges Aussehen erhalten. Aus den zwanzig Entwürfen wurde jener ausgewählt, der, vor allem in der Fassade, am deutlichsten neoklassische Züge trug.

LITERATUR: Romanelli 1977, S. 189ff.

202
Macello Generale a San Giobbe
1841 - 1843
Giuseppe Salvadori
Cannaregio, Fondamenta San Giobbe
Anlegestelle Tre Archi

Die Planung des Schlachthofes, die dem Chef des Ufficio Tecnico in Zusammenarbeit mit Giovanni Battista Meduna oblag, geht auf das Jahr 1834 zurück. Der Komplex setzt sich aus einer Folge niedriger Baukörper zusammen, die kammförmig durch ein Längsgebäude miteinander verbunden sind. Schon von weitem sichtbar, wendet sich seine würdevoll klassizistische Fassade zur Lagune.

LITERATUR: Romanelli 1978/a, S. 234ff.; Mazzotta 1990/a.

203
Magazzini del Sale
Um 1830
Giovanni Alvise Pigazzi
Dorsoduro, Zattere ai Saloni
Anlegestelle Salute

Die lange Front am Canale della Giudecca wird von einer regelmäßigen Bogensequenz deutlich gegliedert, wobei jedem der Bögen ein rechtwinklig dahinterliegender Raum korrespondiert. Diese Raumstrukturierung basiert auf einem Gebäudekomplex aus dem 15. Jahrhundert, der zunächst umgebaut und dann in die Formen eines repräsentativen klassizistischen Stils eingekleidet wurde.

LITERATUR: Mazzotta 1990/b.

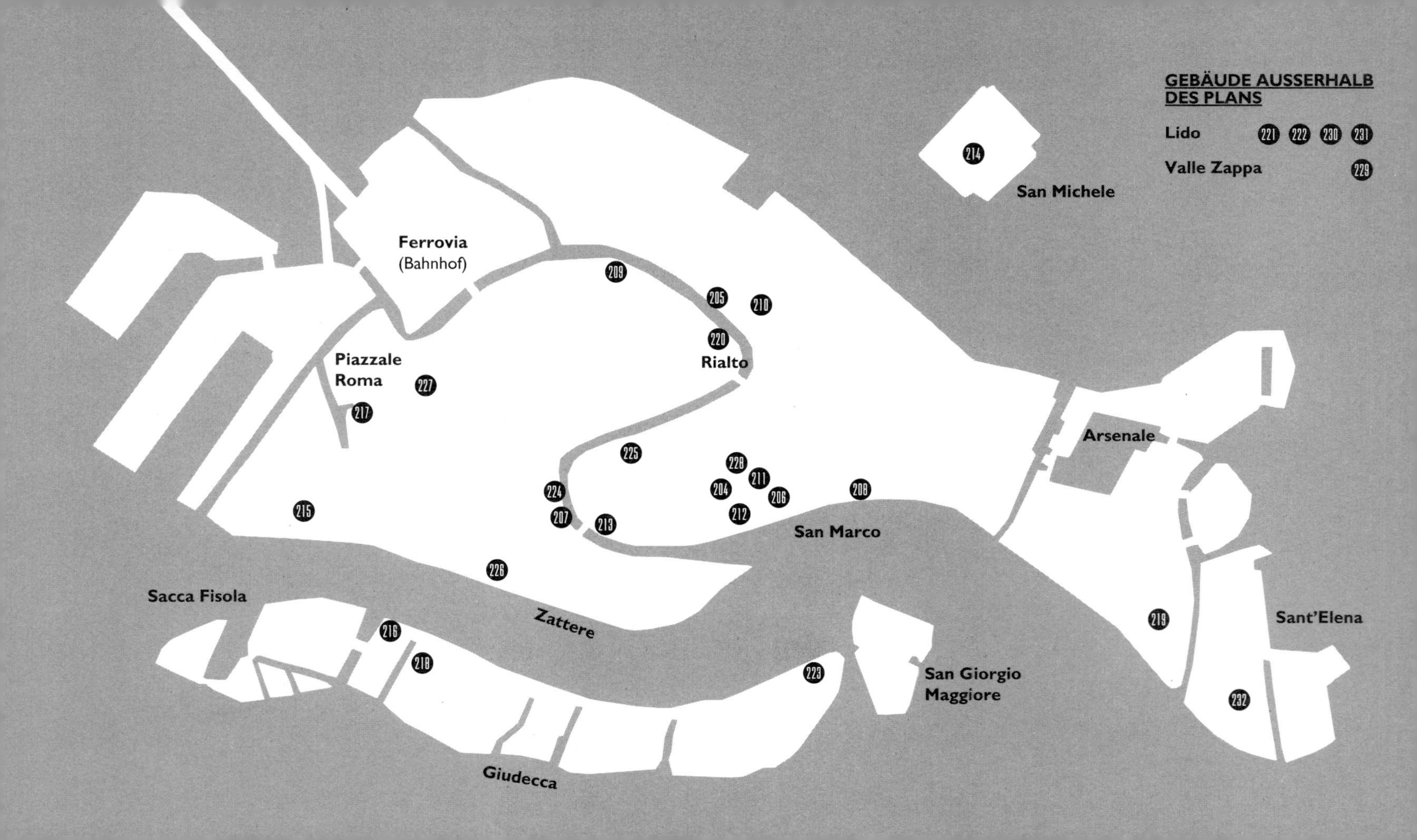
GEBÄUDE AUSSERHALB DES PLANS
Lido 221 222 230 231
Valle Zappa 229
San Michele
214
Ferrovia (Bahnhof)
209
205
210
220
Rialto
Piazzale Roma
227
217
225
228
211
204
206
208
212
224
207
213
215
San Marco
Arsenale
226
Sacca Fisola
Zattere
216
218
223
San Giorgio Maggiore
219
Sant'Elena
232
Giudecca

Das Venedig der Romantik

Nach dem Fall der Republik scheint sich die Stadt, ihrer beherrschenden Stellung beraubt, auf sich selbst zurückzuziehen, und ihre Daseinsberechtigung in der Selbstbespiegelung zu finden. In Symbiose mit ihrem maritimen Charakter wird nun der Mythos Venedig geboren. Von der Romantik genährt, ist er durchdrungen sowohl von Nostalgie gegenüber dem vergangenen Glanz als auch vom Bedauern über den gegenwärtigen Niedergang. In der Architektur findet all dies seinen Ausdruck im Aufgreifen von Formenrepertoires, die sich verbinden mit den legendären Zeiten, in denen Venedig noch Stadtstaat war: die venezianisch-byzantinische Epoche, die lombardische Ära, die Hochgotik werden von verschiedenen Architekten, wie Meduna, Cadorin, Boito, in Gestalt von Neubauten oder Restaurierungen wieder aufgesucht und adaptiert. Die Stadt erfährt an ihren wichtigsten Punkten radikale Veränderungen. Ausgehend von den Vierteln San Marco und Rialto verbreiten sich große Hotels, Banken und Versicherungen im Stadtgebiet.
Aus dem Nichts geschaffen, wird der Lido gegen Ende des Jahrhunderts zur zweiten Arena der romantischen Architektur. Von der direkten Konfrontation mit der Vergangenheit nicht eingeengt, entwickelt sich der Mittelalterhistorismus hier zum Ausgangspunkt für individuelle Experimente, die überleiten zur Art Nouveau Sullams und Giuseppe Torres' oder zum Orientalismus des Hotel Excelsior.
Nicht nur Ziel des internationalen Tourismus, sondern auch Industriezentrum und bedeutender Seehafen: Diese zweite Perspektive, die mit der nationalstaatlichen Einigung Italiens ins Blickfeld rückt, verwirklicht sich ab dem Jahr 1880. Santa Marta und die Giudecca sind in dieser Hinsicht - freilich ebenfalls von der Romantik durchdrungen - die Hauptgebiete.

204
Neugotisches Gebäude am Campo San Fantin
1846
Giovanni Battista Meduna
San Marco 1895, Campo San Fantin
Anlegestelle Sant'Angelo oder Santa Marta del Giglio

Als frühestes Beispiel des Historismus in Venedig ist das Haus mit archäologischer Genauigkeit konzipiert. Selbst in der Einfachheit ihrer Komposition zeigt die Fassade am Campo eine Reihe von Rückbezügen auf die Lokaltradition. Dies wird vor allem deutlich an den dreigliedrigen Kielbogenfenstern mit Dreipaßbalustraden.

LITERATUR: Romanelli 1977, S. 294ff.; Romanelli 1988, S. 290ff.

205
Palazzo Giovannelli (oder Giovanelli)
15. Jahrhundert, 1847 - 1848 erneuert
Giovanni Battista Meduna
Cannaregio 2292, Strada Nuova
Anlegestelle San Marcuola oder Ca' d'Oro

Der Palazzo, eine außergewöhnliche Kombination von Gotik und Neugotik, besitzt am Rio di Noale eine an Maßwerkmotiven besonders reiche Fassade. Von Meduna während der Restaurierung der Ca' d'Oro erneuert, präsentieren sich die Innenräume im zeitgenössischen Mittelaltergeschmack. Besonders deutlich wird dies am Eingang und an der oktogonalen Treppe.

LITERATUR: Romanelli 1988, S. 299ff.; Romanelli 1990, S. 124ff.

206
Caffè Florian
1858
Lodovico Cadorin
San Marco 56 - 59, Procuratie Nuove
Anlegestelle San Marco oder San Zaccaria

Cadorin, von dem auch die Innenausstattung des Caffè Quadri stammt (auf der gegenüberliegenden Seite der Piazza gelegen, aber verändert), scheint hier inspiriert von Dekorationsformen des venezianischen achtzehnten Jahrhunderts. Ein eklektischer, eleganter Geschmack scheint durch, der seinen Hauptausdruck in der Wandverkleidung aus bemalten Holztafeln, Spiegeln und Bronze- oder Mahagoniprofilen findet.

LITERATUR: Romanelli 1977, S. 314ff.; Pavanello-Romanelli 1983, S. 235.

207
Palazzina Marioni a San Trovaso
1858
Lodovico Cadorin
Dorsoduro 1259, Rio di San Trovaso
Anlegestelle Accademia

Das Gebäude liegt, in Sichtweite des Canal Grande, an der Ecke, an der ein kleiner Kanal in den Rio di San Trovaso mündet. Die Fassaden zeigen eine detailreiche Dekoration in Ziegel, die hier und da von Elementen aus weißem Stein unterbrochen wird. Die Fenster- und Türrahmen sind aus gestempelten Terracottafliesen gearbeitet; sie greifen Motive der Lombardo und Codussis auf und beweisen Cadorins Fähigkeiten als Gestalter.

LITERATUR: Romanelli 1977, S. 307; Pavanello-Romanelli 1983, S. 243.

208
Hotel Londra e Beau Rivage
1855 und 1867
Carlo Ruffini und Giovanni Fuin
Castello 4171, Riva degli Schiavoni
Anlegestelle San Zaccaria

Bemerkenswert ist der Unterschied zwischen dem rechten und dem linken Gebäudeteil, dem jetzigen Hotel Londra. Der eine ist ausgewogen neoklassizistisch (Ruffini), der andere folgt den Gestaltungsmustern der Frührenaissance (Fuin): zwei Ausdrucksweisen, durch die die Stadt dem beginnenden Tourismus den künstlerischen Aspekt ihrer Geschichte erneut vor Augen hält.

LITERATUR: Romanelli 1977, S. 310ff.

209
Fondaco dei Turchi
13. Jahrhundert, 1869 erneuert
Federico Berchet
Santa Croce 1730, Salizzada del Fontego
Anlegestelle Riva di Biasio oder San Stae

Hätte Berchet nicht eine radikale Erneuerung vorgenommen, wäre das Gebäude das beachtenswerteste Beispiel venezianisch-byzantinischer Profanarchitektur. Ursprünglich im Besitz der Pesaro, wurde der Palazzo ab 1575 obligatorischer Unterbringungsort für türkische Händler und ihre Waren. Von 1898 bis 1922 befand sich hier das Museo Correr, heute beherbergt das Gebäude das Naturkundemuseum (Museo di Scienze Naturali).

LITERATUR: Calabi 1991/b, S. 802ff.

210
Strada Nuova
1867 - 1871
Cannaregio
Anlegestelle Ca' d'Oro oder San Marcuola

Schon seit längerem als Teil einer Schnellverbindung zwischen Rialto und dem Bahnhof geplant, besteht die Hauptstraße aus zwei geradlinigen Streckenabschnitten, die auf dem Campo San Felice zusammenlaufen; Abbrüche und Begradigungen in nicht geringem Umfang sollten die Realisierung einer beachtlichen Breite (ungefähr 10 Meter) ermöglichen. Der Eingriff stellt die erste radikale städtebauliche Modernisierung dar.

LITERATUR: Romanelli 1977, S. 422ff.; Pavanello-Romanelli 1983, S. 226ff.

211
Bacino Orseolo
1865 - 1914
San Marco 1164 - 1219
Anlegestelle San Marco

Verschiedene Architekten (darunter Federico Berchet und Giovanni Battista Meduna) wirkten mit an der Planung eines neuen Hafenbeckens in der Nähe der Piazza San Marco; seinen Namen erhielt es vom Ospizio Orseolo, das später in das Hotel Cavalletto umgewandelt wurde. In seiner Umgebung siedelten sich vorwiegend Banken und Hotels an, so etwa das 1908 - 1914 von Nicolò Piamonte gebaute Hotel Bonvecchiati.

LITERATUR: Romanelli 1977, S. 419ff.; Pavanello-Romanelli 1983, S. 226.

212
Calle Larga XXII Marzo
1874 - 1906
Francesco Balduin und andere
San Marco 2032 - 2424
Anlegestelle San Maria del Giglio oder San Marco

Der Stadtentwicklungsplan von 1874 sah die Verbreiterung und Begradigung der Straße entlang San Moisè vor. Der beauftragte Francesco Balduin schlug eine einheitliche Fassadengestaltung vor nach dem Muster des im Neo-Lombardo-Stil errichteten Hauses am Straßenende (Nr. 2032). Trotz der Unterschiedlichkeit der einzelnen Gebäude erhielt die neue Straße hierdurch ein homogenes Aussehen.

LITERATUR: Romanelli 1977, S. 430ff.; Pavanello-Romanelli 1983, S. 228.

213
Palazzo Cavalli Franchetti
15. Jahrhundert, 1878 - 1882 erneuert
Camillo Boito, Carlo Matscheg und Girolamo Manetti
San Marco 2847, Campo San Vidal
Anlegestelle Accademia

Der Analogien zum Palazzo Giovannelli sind viele, wenn auch in einem imposanteren und aufwendigeren Kontext. Wie in jenem ersten Eingriff Medunas ist auch hier die Konfrontation eines spätgotischen Außenbaus mit Innenräumen zu beobachten, die im neumittelalterlichen Geschmack des 19. Jahrhunderts erneuert sind. Auffallendes Element ist die große Treppe, die nach außen sichtbar gemacht ist durch eine Reihe von Eisenrahmen, die Boito hinter die Polyforen und das steinerne Maßwerk setzte; auch an der zum Rio gekehrten Front tritt das Eisen als Gestaltungsmittel auf, und zwar in Form von Konsolen und Balkonen, die den Geist der Industriekultur atmen. Aber die Bedeutung des Gebäudes liegt vor allem in seiner Innenausstattung; hier bilden Skulpturen, Gemälde und Möbel ein geschlossenes Stilensemble.

LITERATUR: Romanelli 1990.

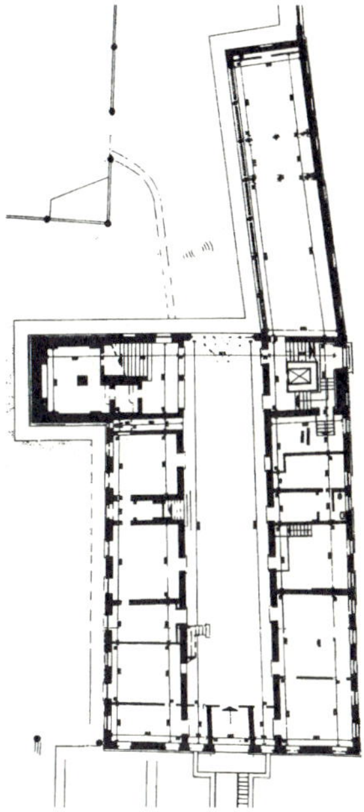

214
Cimitero Comunale
1872 - 1881
Annibale Forcellini
Isola di San Michele
Anlegestelle Cimitero

Das Projekt dieser Friedhofsanlage wurde erst nach einer langen Reihe von verworfenen Plänen und zwei Wettbewerben in die Tat umgesetzt. Nachdem die Idee eines monumental-repräsentativen Komplexes zurückgestellt war, entstand eine funktional bestimmte Baustruktur, die sich harmonisch in ihre Umgebung einfügt. Dieser Eindruck wird vermittelt durch die horizontale Ausdehnung, die maßvollen neugotischen Zitationen und das Einbeziehen der Natur.

LITERATUR: Romanelli 1977, S. 229ff.; Pavanello-Romanelli 1983, S. 233.

215
Cotonificio a Santa Marta
1883 - 1911
Antonio Baffo und Vittorio Mazzuchelli
Dorsoduro 2196, Fondamenta Bari
Anlegestelle Santa Marta oder San Basilio

Diese baumwollverarbeitende Fabrik ist der größte Komplex, der in der Industriezone des ehemaligen Campo di Marte errichtet wurde (bis zu 1000 Beschäftigte). Obwohl in verschiedenen Bauphasen entstanden, behielt sie einen einheitlichen Stilcharakter, wobei auf Dekorationselemente nicht verzichtet wurde: das massige Mauerwerk ist mit Backsteinprofilierungen verziert. Heute befindet sich hier eine Abteilung der Facoltà di Architettura.

LITERATUR: Mazzotta 1990/d, S. 198ff.

216
Mulino Stucky
1897 - 1920
Ernest Wullekopf
Giudecca 810 - 820, Fondamenta San Biagio
Anlegestelle Sant'Eufemia

Durch einen Eckturm akzentuiert, dominiert dieses mächtige Baudenkmal in neugotisch-hanseatischem Stil den Canale della Giudecca und wird zu einem der charakteristischsten Kennzeichen der Stadtlandschaft Venedigs. Bis 1954 diente das Gebäude als Bäckerei und Getreidespeicher; Heute scheint es, trotz zahlreicher Pläne für eine erneute Nutzung, dem Verfall preisgegeben.

LITERATUR: Howard 1980, S. 223ff.; Mazzotta 1990/e, S. 200ff.

217
Manifattura Tabacchi
1786 - 1928
Santa Croce 423, Rio delle Burchielle
Anlegestelle Piazzale Roma

Die Tabakfabrik entstand in zahlreichen Etappen, beginnend mit dem Kernstück, das im 18. Jahrhundert errichtet wurde und im Bereich des Eingangsportals zu erkennen ist. Ausschlaggebend für die Gesamtanlage sind die in der Zeit von 1840 bis 1850 entstandenen Gebäudetrakte (von dem Ingenieur Giuseppe Mezzani). Der historistischen Geschmacksmustern folgende, geschlossene Brückenbau über dem Rio stammt aus den zwanziger Jahren des 20. Jahrhunderts.

LITERATUR: Mazzotta 1990/c, S. 194ff.

218
Birreria alla Giudecca
1902 - 1920
Consiglio Fano und Ugo Vigevano
Giudecca, Fondamenta San Biagio 801
Anlegestelle Sant'Eufemia

Aus dem ausgedehnten Komplex ragt das Hauptgebäude, die frühere Brauerei. Es ist zinnengekrönt und mit einer Reihe von Motiven verziert, die Ähnlichkeiten mit dem Mulino Stucky aufweisen (so etwa die in leicht gespitzte Blendbögen eingeschriebenen Zwillingsfenster). 1980 wurde die Fabrik von Giuseppe Gambriasio zu einer Wohnanlage umgebaut.

LITERATUR: Mazzotta 1990/f, S. 203; Polano 1991, S. 226.

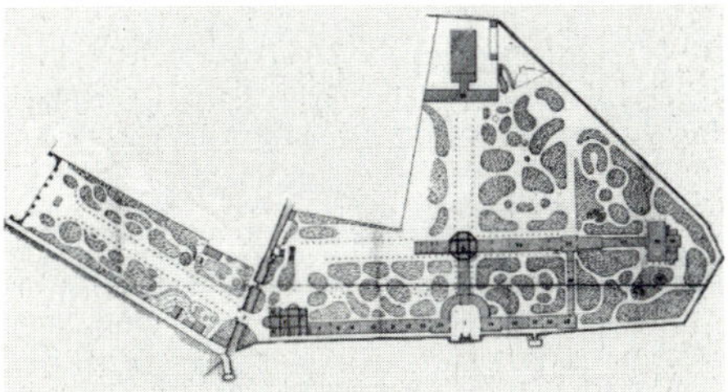

219
Area dell'Esposizione Internazionale d'Arte
Ab 1887
Giardini di Castello
Anlegestelle Giardini

Mit der Anlage der Motta di Sant'Antonio zwischen Castello und Sant'Elena wurden die Gärten von Selva (vgl. Nr. 195) erweitert; auf diesem neuen Gelände findet seit 1895 die Kunstbiennale statt. Durch die Entscheidung, dauerhafte Pavillons der einzelnen Nationen zu errichten, entstand eine Art Siedlung der Musen, eine Abfolge von architektonisch bedeutenden Bauten, die jedoch untereinander in keiner stilistischen Beziehung stehen (vgl. Nr. 239).

LITERATUR: Mulazzani 1988; Polano 1991, S. 218ff.

220
Mercato del Pesce
1907
Cesare Laurenti und Domenico Rupolo
San Polo, Campo della Pescaria
Anlegestelle Rialto oder San Silvestro

Als Nachfolgebau einer Eisen- und Glaskonstruktion von 1881 beendete dieser Bau eine jahrelange Debatte um die architektonische Lösung für einen überdachten Fischmarkt am Campo della Pescaria. Das Gebäude hat die Form einer mittelalterlichen Loggia mit großen, leicht gespitzten Bögen. Als Inspirationsquelle nannten die Planer die Malerei Carpaccios.

LITERATUR: Pavanello-Romanelli 1983, S. 231.

221
Hotel Excelsior al Lido

1898 - 1908
Giovanni Sardi
Lido, Lungomare Marconi 41

Es handelt sich hier um die erste und bedeutendste Hotelanlage auf dem Lido, 50 Jahre nach der ersten Badeanstalt eröffnet. Sardi ließ sich inspirieren von der Lokaltradition, vor allem von der venezianisch-byzantinischen, die er mit maurischen Motiven mischte. Die wahren Referenzpunkte sind jedoch, da man ein Auge auf die kosmopolitische Klientel hatte, die großen Hotels in Kairo und an der Côte d'Azur.

LITERATUR: Maretto 1969, S. 61ff.; Pavanello-Romanelli 1983, S. 249ff.

222
Hotel des Bains al Lido

1905 - 1909
Francesco Marsich
Lido, Lungomare Marconi 17

Es ist das erste von der CIGA gebaute Hotel, in seinen Ausdrucksformen wesentlich zurückhaltender als das nahegelegene Excelsior; trotzdem sollte seine Geschichte untrennbar mit den Geschicken des Lido verbunden bleiben. Denn seinen Ruf, von Literatur und Kino in die Welt getragen, scheint es weniger dem konventionellen Eklektizismus der Fassaden als vielmehr den berühmten Umkleidekabinen am Strand zu verdanken.

LITERATUR: Pavanello-Romanelli 1983, S. 249

223
Casa De Maria (Tre Oci)

1910 - 1913
Mario De Maria
Giudecca, Fondamenta delle Zitelle
Anlegestelle Zitelle

Das Studiohaus wurde von seinem Besitzer, dem Maler De Maria, entworfen. Hier bilden die neogotischen Zitate lediglich den Ausgangspunkt für eine Weiterverarbeitung zu merkwürdigen Formkombinationen. Dies trifft vor allem zu für die drei großen ›Augen‹, durch die das Atelier Licht erhält. Sie bestimmen nicht nur das Aussehen des kleinen Palazzo, auch seine Bezeichnung im Volksmund rührt von ihnen her.

LITERATUR: Maretto 1969, S. 72ff.; Howard 1980, S. 226.

224
Palazzetto Stern a San Barnaba
1909 - 1912
Giuseppe Berti
Dorsoduro 2792/b, Calle del Traghetto
Anlegestelle Ca' Rezzonico

Unter den historistischen Gebäuden am Canal Grande, die ex novo gebaut wurden, ist dieses in bezug auf die stilistische Kohärenz vielleicht das bedeutendste. Es erweist sich als Gesamtkunstwerk, an dem jedes Detail gestalterisch durchdacht ist. Die Mitarbeit des Malers und Dekorateurs Raffaele Mainella dürfte entscheidend gewesen sein bei der Gestaltung der Innenräume in byzantinischem Stil.

LITERATUR: Maretto 1969, S. 67.

225
Case Nardi in Corte dell'Alboro
Giulio Alessandri
San Marco 3883 - 3887, Corte dell'Alboro
Anlegestelle Sant'Angelo

Außergewöhnlich in seiner Größe und seiner stilistischen Uniformität schafft das riesige Bauwerk Alessandris einen eigenständigen urbanen Raum im Gesamtgefüge der Stadt. Dies geschieht trotz der zwischen Romanik und venezianisch-byzantinischem Stil oszillierenden formgeschichtlichen Rückbezüge. In das beeindruckende Mauerwerk aus Backstein integrieren sich auch die am Geschmack der Art Nouveau orientierten Schmuckelemente.

LITERATUR: Pavanello-Romanelli 1983, S. 248.

226
Neugotisches Gebäude alle Zattere
1912 - 1914
Giuseppe Berti
Dorsoduro 1413, Zattere al ponte longo
Anlegestelle Zattere

Zusammen mit der analog entstandenen Casa Scarpa von Giovanni Sardi (Nr. 1386) zeigt der Bau Bertis, welchen Grad der Geschmeidigkeit die historistische Architektur zu Beginn des 20. Jahrhunderts erreicht hat. Sie ist zum Mittel geworden, um auch Themen der gewöhnlichen Architektur, wie Wohnhäuser entlang einer Straße, angemessen (und nicht banal) zu gestalten.

LITERATUR: Pavanello-Romanelli 1983, S. 248.

227
Casa Torres in Rio del Gaffaro
1905 - 1907
Giuseppe Torres
Dorsoduro 3544
Anlegestelle Piazzale Roma

Unter den historistischen Gebäuden ist dies vielleicht das berühmteste. Hier schöpfte Torres aus einem umfangreichen Repertoire, das von der Romanik bis zur byzantinischen Architektur reicht. Eher als das Produkt einer Gelehrtenübung ist die kleine Villa Ausdruck einer intimen und meditativen Stimmung, zu der die Natur und der Ort das ihrige beitragen.

LITERATUR: Nicoletti 1978, S. 256; Pavanello-Romanelli 1983, S. 245; Romanelli 1985/b.

228
Geschäftsgebäude am Bacino Orseolo
1908 - 1910
Guido Costante Sullam
San Marco 4410, Fondamenta Orseolo
Anlegestelle San Marco

Unter den venezianischen Art-Nouveau-Bauwerken von einer gewissen Größe gilt dieses als das bedeutendste. Hier stellte sich Sullam der Herausforderung eines mehrgeschossigen Gebäudes. Der einzige Schmuck, den er der nackten Fassade anlegte, findet sich an den Fenstern des Hauptgeschosses: eine willentlich deformierte und verzerrte ionische Säulenordnung.

LITERATUR: Howard 1980, S. 227; Romanelli 1985/a.

229
Casone di Caccia a Valle Zappa
1923 - 1924
Duilio Torres
Südliche Lagune, Valle Zappa

Es ist schwierig, die architektonischen Vorläufer und Stilbezüge dieses eigentümlichen Jagdhauses zu benennen, das gewissermaßen im Niemandsland entstand und aus einer nordischen Fabel entsprungen zu sein scheint. Torres zeigt sich immerhin in Kenntnis der internationalen Vorbilder, von der Amsterdamer Schule bis zur österreichischen Sezession.

LITERATUR: Polano 1991, S. 214.

230
Villa Monplaisir al Lido
1906
Guido Costante Sullam
Lido, Gran Viale 14
Für Nicolò Spada, den Gründer der CIGA, gebaut, präsentiert sich diese kleine Villa als zeitgenössischer Beitrag zur Art Nouveau. In der asymmetrischen Komposition, die reich ist an Zitationen maßgeblicher Architekten (Horta, Hoffmann), finden sich aus verschiedenen Materialien gearbeitete Produkte hochwertiger Handwerkskunst: Sgraffito-Verzierungen, Schmiedeeisen, Porzellan, Messingteile.
LITERATUR: Nicoletti 1978, S. 257; Romanelli 1985/a.

231
Casa del Farmacista al Lido
1926 - 1927
Brenno Del Giudice
Lido, Via Sandro Gallo 74
Für diese einfache und trotzdem raffinierte, kleindimensionierte Architektur wurden die verschiedensten Stilarten in Anspruch genommen: von der Art Deco zum Neubarock, vom Novecento zum späten Eklektizismus. Auf jeden Fall zeugt das Apothekerhaus von der Präsenz und der Vitalität der Romantik und des Historismus in der Zeit zwischen den beiden Kriegen.
LITERATUR: Bossaglia 1984, S. 20; Polano 1991, S. 214.

232
Städtischer Wohnungsbau auf der Isola di Sant'Elena
1924 - 1927
Paolo Bertanza und andere
Anlegestelle Sant'Elena
Der klare und deutliche Bezug auf die Lokaltradition drückt sich nicht nur in den Fassaden, sondern vor allem in der städtebaulichen Gesamtkonzeption aus. Die Blocks gruppieren sich in verschiedenen Konstellationen, wodurch wiedererkennbare Raumzonen entstehen: Straßen, Höfe, kleine Plätze, die hier die Namen der Schlachten des Ersten Weltkrieges tragen.
LITERATUR: Somma 1983, S. 79ff.; De Carli-Zaggia 1983, S. 120ff.; Romanelli 1985/a.

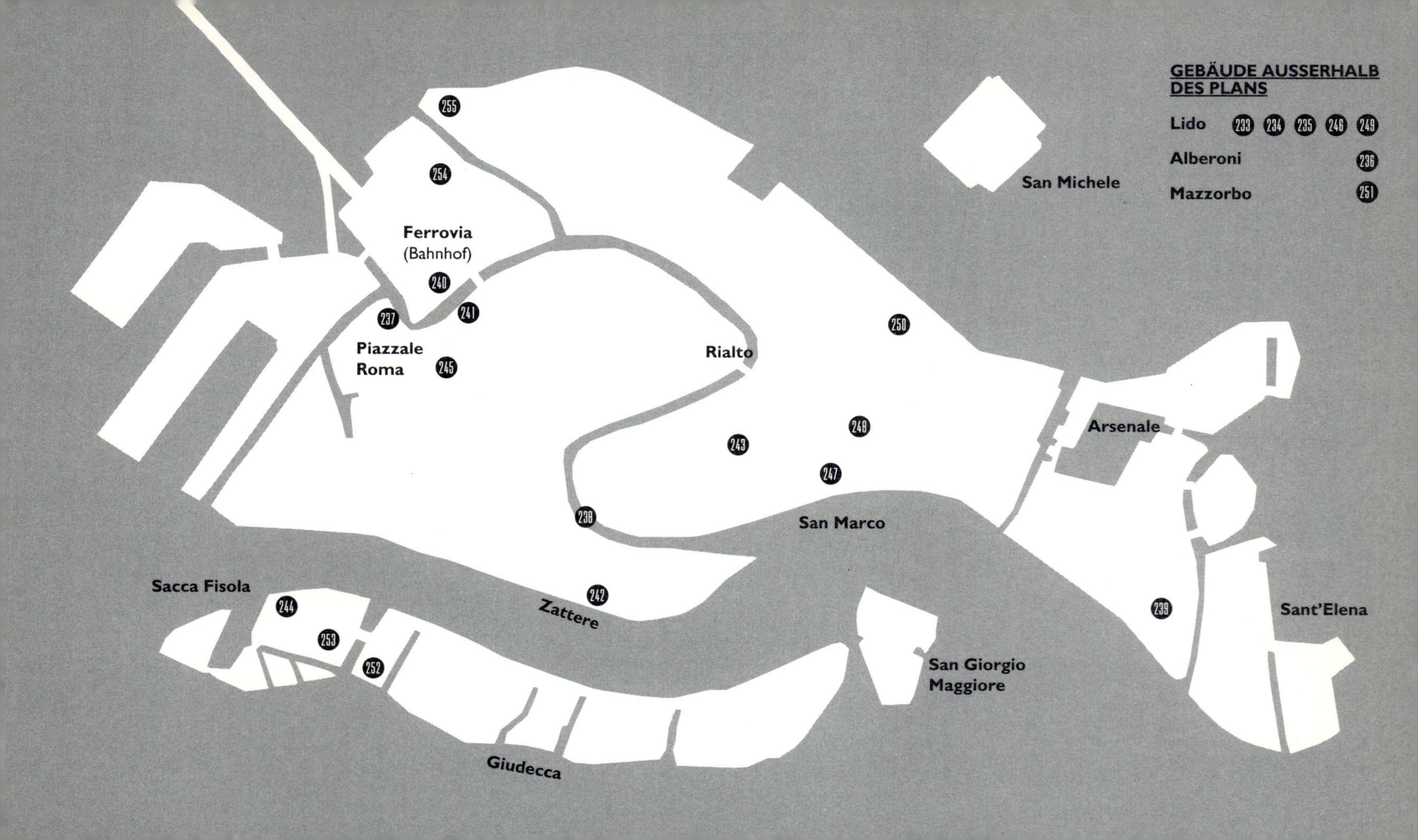
GEBÄUDE AUSSERHALB DES PLANS
Lido 233 234 235 246 249
Alberoni 236
Mazzorbo 251
San Michele
255
254
Ferrovia
(Bahnhof)
240
241
237
Piazzale
Roma
245
Rialto
250
248
243
247
238
San Marco
Arsenale
239
Sant'Elena
San Giorgio
Maggiore
242
Zattere
Sacca Fisola
244
253
252
Giudecca

Venedig und die moderne Architektur

Das Verhältnis Venedigs zur modernen Architektur ist ein schwieriges, eher bekannt durch fehlende Gelegenheiten denn durch ausgeführte Werke - man denke nur an die abgelehnten Entwürfe von Wright, Le Corbusier und Kahn.
Anfangs stellte der Lido eine freie Zone für Experimente dar. Hier entstanden die ersten weißen Architekturen, der Funktion und der Vorstellung vom Leben im Freien verbunden. Innerhalb des schon bebauten Stadtgebietes von Venedig scheinen die aufsehenerregendsten stilistischen Neuerungen dort aufzutreten, wo es um infrastrukturelle Problemlösungen, um die Zugangspunkte zur Stadt geht, also gesehen von jenem Gebiet auf dem Lido, etwa um die Parkgarage an der Piazzale Roma und um den Bahnhof. Ansonsten scheint sich das Neue hinter geschlossenen Mauern, von außen nicht sichtbar, zu verbergen: auf dem Biennale-Gelände und in den von Scarpa gestalteten architektonischen Binnenstrukturen. Neben diesen konfliktträchtigen Möglichkeiten gibt es einen anderen Weg, der in der Nachkriegszeit am häufigsten beschritten wurde. Es ist die Suche nach einem Kompromiß mit dem Stadtbild und dessen architektonischen Gegebenheiten. Als diesem Gedanken verpflichtet können die Pläne Gardellas für die Zattere und, aus jüngster Zeit, eine Reihe von Entwürfen für Wohnkomplexe gelten. Konkret liegen diese Bauten in den Gebieten, die durch die Einstellung des Hafen- und Industriebetriebs frei wurden. Diese Peripheriezonen, und nicht mehr der Lido, sind heute der Ort für Experimente.

233
Istituto Elioterapico al Lido
1922 - 1923
Duilio Torres
Lido, Via Alberoni

Das Gebäude gilt als das erste Beispiel moderner Architektur in Venedig. Als solches wurde es 1927 auf der Stuttgarter Ausstellung präsentiert. Mit seinen großen Glasflächen in gestufter Reihe zur Optimierung des Lichteinfalls erscheint es in der Tat als keineswegs provinzielle Rezeption der neuesten rationalen Tendenzen seiner Zeit.

LITERATUR: Maraini 1928; Maretto 1969, S. 84.

234
Aerostazione al Lido
1934
G. Cicogna
Lido, San Nicolò

Von der Regionalverwaltung in Rekordzeit gebaut, präsentierte sich das Flughafengebäude von Anfang an in den typischen Formen der Avantgarde. Aus dem wohldurchdachten Ensemble von Elementen des modernistischen Repertoires lösen sich einige bezeichnende Bauteile: der verglaste Tower in der Mitte und die halbkreisförmige Rampe an einem der beiden Enden.

LITERATUR: Le Tre Venezie 1935.

235
Palazzo del Cinema al Lido
1937 und 1952
L. Quagliata und Angelo Scattolin
Lido, Lungomare Marconi

Das Gebäude beherbergt die 1932 eingerichtete Mostra Internazionale del Cinema. Trotz der klaren Bezugnahmen auf den modernen Stil ist es symmetrisch und in gemessen monumentaler Form angelegt. Durch das 1952 vorgebaute Atrium wurde seine Struktur völlig verändert. Heute erweist sich der Bau den Nutzungsbedingungen nicht mehr angemessen, und so war er 1990/91 Objekt eines Ideenwettbewerbs.

LITERATUR: Maretto 1969, S. 102.

236

Colonia Marina agli Alberoni

1936 - 1937

Daniele Calabi und Antonio Salce

Alberoni, Via Communale

Das Projekt wurde von den zeitgenössischen Kritikern sehr geschätzt. Die sich in horizontaler Richtung entfaltende Konstruktion nimmt die Elemente eines typischen Themas der dreißiger Jahre auf und entwickelt sie weiter: die Sonnenterrasse, der Laubengang und die Zimmertrakte mit großflächiger Außenverglasung. Diese wurden von den Planern in einem kartesischen Schema in Form eines quadratischen Hofes positioniert.

LITERATUR: Avon 1992, S. 29ff. und 38ff.

237

Autorimessa INA

1931 - 1934

Eugenio Miozzi

Santa Croce, Piazzale Roma

Anlegestelle Piazzale Roma

Von weitem sichtbar und die Rolle eines neuen Stadttores übernehmend, stellt das große Parkhaus das natürliche Pendant zum Bau der ›[Auto-]Brücke der Liktoren‹, heute Brücke der Freiheit, dar. Die kräftigen horizontalen Wandstreifen bestimmen einen Prospekt, der keine Kompromisse mit dem traditionellen Stadtbild Venedigs eingeht.

LITERATUR: Nebbia 1934; Polano 1991, S. 220.

238

Ponte dell'Accademia

1932

Eugenio Miozzi

Anlegestelle Accademia

Die Brücke ersetzte die während der österreichischen Verwaltung Venedigs gebaute Gußeisenbrücke; der neue Holzbau war ursprünglich als Provisorium gedacht für die Zeit bis zur Entscheidung eines Wettbewerbs. Inzwischen hat sich ihre zierlich-schlanke Gestalt in die Stadtlandschaft eingegliedert. Und 1983/84 wurde sie tatsächlich sorgfältig restauriert.

LITERATUR: Maretto 1969, S. 94ff.

239
Padiglioni della Biennale
Ab 1895
Castello, Giardini di Castello
Anlegestelle Giardini

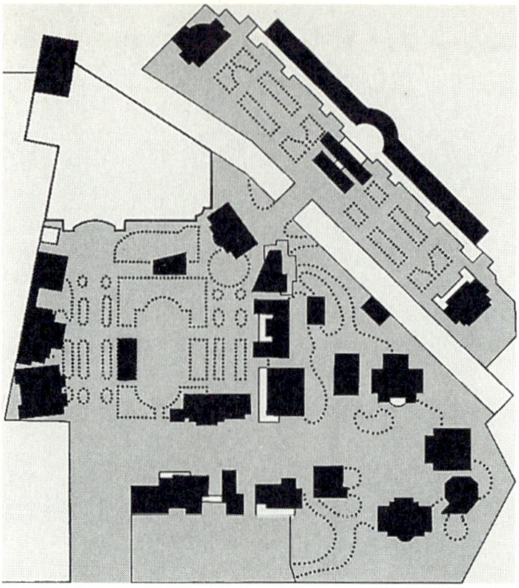

Die einzelnen nationalen Pavillons, die vornehmlich zwischen 1930 und 1965 entstanden, betonen den Fremdheitscharakter des Ortes, der nicht nur durch das Wasser von der Stadt getrennt ist (vgl. Nr. 219). Doch in vielen von ihnen werden die kennzeichnenden Tendenzen und Gestaltungsprinzipien der großen Meister sichtbar. Es seien genannt der österreichische (Josef Hoffmann, 1934), der niederländische (Gerrit Thomas Rietveld, 1954) und der finnische Pavillon (Alvar Aaalto, 1956). Zahlreich sind die Werke Carlo Scarpas, wenn auch über die Zeit sehr verändert: das Kartenhäuschen (1948), der venezuelische Pavillon (1954) und Teile des inzwischen nicht wiedererkennbaren italienischen Pavillons, der nach dem internationalen Wettbewerb von 1988 von Francesco Cellini erneuert werden soll; schließlich der Bücherpavillon von James Stirling aus dem Jahre 1991.

LITERATUR: Maretto 1969, S. 77ff.; Mulazzani 1988.

240
Stazione Ferroviaria
1952 - 1955
Paolo Perilli und Ufficio Tecnico FF.SS.
Cannaregio, Fondamenta Santa Lucia
Anlegestelle Stazione

Das Bahnhofsgebäude wurde zwanzig Jahre nach einem unentschieden gebliebenen Wettbewerb (1934) gebaut. Nach der Piazzale Roma präsentiert sich auch das andere Tor Venedigs in einer Weise, die mit dem Stil des schon Bestehenden bricht. In seiner horizontalen Orientierung und mit seiner langgestreckten Front in istrischem Kalkstein stellt der Bahnhof das einzige radikal moderne Gebäude am Canal Grande dar.

LITERATUR: Maretto 1969, S. 97ff.; Facchinelli 1987, S. 237ff.

241
Sede INAIL
1952 - 1956
Giuseppe Samonà und Egle Trincanato
Santa Croce 712, Calle nova San Simon
Anlegestelle Stazione

Dem neuen Bahnhof quasi gegenüber befindet sich dieses Bürogebäude, dessen Funktion durch nichts kaschiert wird; auch hier gibt es keine Anklänge an die Vergangenheit. Als solches gehört es zu einer Reihe von Dienstleistungsgebäuden, die in den fünfziger Jahren auf den freien Arealen zwischen Bahnhof und Piazzale Roma entstanden.

LITERATUR: Polano 1991, S. 220.

242
Casa alle Zattere
1954 - 1958
Ignazio Gardella
Dorsoduro 401, Zattere allo Spirito Santo
Anlegestelle Zattere

Es handelt sich hier vielleicht um das bekannteste Beispiel moderner Architektur in Venedig. Gerade die Einbindung in den Kontext der architektonischen Umgebung stellt die Daseinsberechtigung dieses Bauwerkes dar, das gleichermaßen Lob und Tadel hervorrief. Einigkeit herrscht darüber, daß Gardella hier den örtlichen Gegebenheiten fremde Strukturen hinzufügte, wie etwa den Komplex von Eigentumswohnungen.

LITERATUR: Argan 1959, S. 163ff.; Morresi 1992.

243
Sede Centrale della Cassa di Risparmio
1964 - 1971
Angelo Scattolin mit Pier Luigi Nervi
San Marco 4216, Campo Manin
Anlegestelle Sant'Angelo oder Rialto

Die Entwicklung des Projektes zog sich zeitlich in die Länge, vor allem wegen statischer Probleme (deshalb die Beratertätigkeit Nervis, von dem die feingliedrige Konstruktion der unteren Geschosse stammt). Durch die Fassaden, die in einem rechtwinkligen Raster strukturiert sind, vollzog sich ein Rollentausch zwischen der verglasten Sockelzone und dem oberen Gebäudeteil in Stein.

LITERATUR: Maretto 1969, S. 129; Howard 1980, S. 234.

244
Wohngebiet INA CASA auf Sacca Fisola
1958 - 1967
Ufficio Tecnico IACP
Anlegestelle Sacca Fisola
Es ist das größte mit Subventionen gebaute Viertel auf dem Inselgebiet Venedigs und es stellt die ideale städtebauliche Fortsetzung des Siedlungsbaus dar, der seit kurzem am Rande der Lagune bei San Giuliano betrieben wird. Die Gebäude unterschiedlicher Höhe folgen einem gemäßigten Prinzip der Einbindung in die Umgebung, erkennbar vor allem an der unregelmäßigen Anordung der Baukörper.
LITERATUR: De Carli-Zaggia 1983, S. 132ff.

245
Istituto Universitario di Architettura im Convento dei Tolentini
1956 - 1968
Daniele Calabi und M. Bacci
Santa Croce 191, Campazzo dei Tolentini
Anlegestelle Piazzale Roma
Die Erneuerung des Tolentinerklosters betraf vornehmlich die Innenstruktur. Hier wurden, auch mit Hilfe neuer Technologien, große Räumlichkeiten für den Lehrbetrieb gewonnen. Nach außen blieb die Struktur und die Physiognomie eines um den Kreuzgang gelagerten Innenhofgebäudes erhalten. Die Gestaltung des Eingangsbereiches wurde 1985 nach Plänen Carlo Scarpas vorgenommen.
LITERATUR: Dalla Costa 1992/b; Franzo-Zucconi 1992.

246
Casa Calabi al Lido
1961 - 1963
Daniele Calabi
Lido, Piazza Fiume 1
Als Studiohaus des Architekten geplant, entstand der kleine Palazzo am Lungomare durch die Erweiterung einer schon bestehenden Villa. Wenn auch hinter Grün verborgen, sind doch stilistische Eigenheiten erkennbar, durch die sich das Haus von den Villen der Umgebung unterscheidet: Besonders auffallend ist die Verglasung des Attika-Geschosses zwischen dem Dachtrauf und dem Sichtmauerwerk aus Backstein.
LITERATUR: Dalla Costa 1992/a; Calabi-Folin 1968.

247

Negozio Olivetti an der Piazza San Marco

1957 - 1958

Carlo Scarpa

San Marco 101, Procuratie Vecchie

Anlegestelle San Marco

Von einigen wurde das Ladengeschäft als »Meisterwerk der zeitgenössischen Architektur« bezeichnet. In seiner langen und schmalen Form verdeutlicht es die Fähigkeit Scarpas, den Innenraum materialgerecht zu gestalten; in raffinierten und orginellen Texturen verarbeitet, avancieren die Materialien zu Protagonisten des lichtdurchfluteten Ambiente.

LITERATUR: Dal Co-Mazzariol 1984, S. 120; Marcianò 1984, S. 70ff.

248

Fondazione Querini-Stampalia

1961 - 1963

Carlo Scarpa

Castello 4794, Rio di Santa Maria Formosa

Anlegestelle Rialto oder San Zaccaria

Der Eingriff Scarpas beschränkt sich auf das Erdgeschoß und umfaßt die neue Eingangshalle, einen Ausstellungsraum und den in der Art eines *Hortus conclusus* angelegten Garten. Berühmt ist hier die Erfindung des parallel zum Wasser verlaufenden Weges, den Scarpa in engem Kontakt mit dem Mauerwerk in das Gebäude eindringen läßt.

LITERATUR: Dal Co-Mazzariol 1984, S. 124; Marcianò 1984, S. 112ff.

249

Yachtclub und Appartements auf dem Lido

1979 - 1981

Iginio Cappai und Pietro Mainardis

Lido, Lungomare Marconi 52

Auf die orientalischen ›Delirien‹ des Sardi folgen, als Dependancen des Hotel Excelsior, unvermittelt diese beiden klar strukturierten weißen Gebäude am Strand. Einem aus einer linearen Reihe von kleinen Appartements bestehenden Baukörper schließt sich das höhere Gebäude des Yachtclubs an.

LITERATUR: Gregotti 1981; Polano 1991, S. 216.

250
Erweiterung des Ospedale Civile
Ab 1978
Luciano Semerani und Gigetta Tamaro
Castello, Campo Santi Giovanni e Paolo
Anlegestelle Ospedale oder Fondamente Nuove

Nachdem das Vorhaben, bei San Giobbe nach Plänen Le Corbusiers von 1964 ein neues Krankenhaus zu bauen, aufgegeben war, wurde ein Programm zur Renovierung und Erweiterung des historischen Klostergebäudes auf den Weg gebracht. Der Erweiterungsbau, ein linearer Bettentrakt, basiert auf seriellen Strukturelementen, die sich durch eine tonnengewölbte Dachform auszeichnen, analog der Chiesa dei Miracoli.

LITERATUR: Domus 1987; Polano 1991, S. 224.

251
Sozialer Wohnungsbau auf Mazzorbo
1979 - 1986
Giancarlo De Carlo und Mitarbeiter
Isola di Mazzorbo
Anlegestelle Mazzorbo

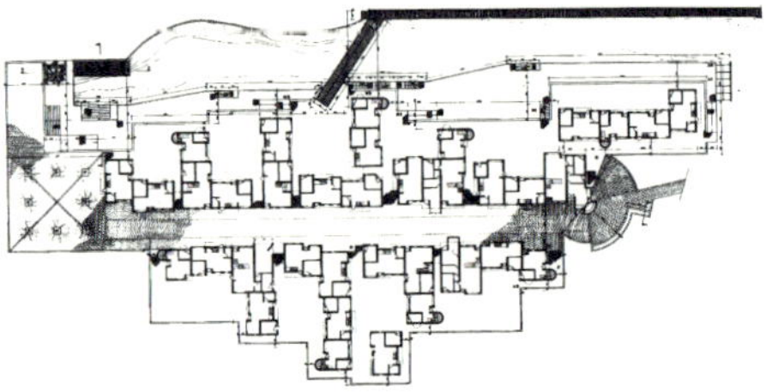

In der Anordung der Baukörper, in der Farbanwendung und in einigen konstruktiven Details sind die Bezüge zur Architektur auf Burano, deren Weiterverbreitung die Bauten De Carlos darstellen, offenkundig. Die Wohnblocks gruppieren sich entlang einer geradlinigen Mittelachse, was jedoch andere architektonische Konzeptionen und Vorbilder in Erinnerung ruft.

LITERATUR: Magnani-Val 1985, S. 60; Polano 1991, S. 216.

252
IACP-Komplex auf der Giudecca
1980 - 1986
Gino Valle und Mitarbeiter
Sacca Fisola, Canale dei Lavraneri
Anlegestelle Sant'Eufemia oder Sacca Fisola

Auf der Rückseite des Mulino Stucky gelegen, bewirkt der Bau dieses Gebäudekomplexes eine Aufwertung von bisher marginalen Fronten. Auf zwei gegenüberliegenden Kanalseiten erhebt sich eine Sequenz äußerst geschlossener Baukörper, die Motive der örtlichen Architektur aufgreifen. Im Innern zeigt sich ein anderes Bild: Innerhalb einer rechtwinkligen Struktur dominiert hier der Rekurs auf die funktionalistische Architektur.

LITERATUR: Magnani-Val 1985, S. 80; Croset 1986.

253
Wohnkomplex auf Sacca Fisola
1982 - 1986
Iginio Cappai, Pietro Mainardis und Valeriano Pastor
Sacca Fisola, Area Fregnan
Anlegestelle Sacca Fisola

Es handelt sich um zwei getrennte Gebäudekomplexe, die sich je um einen quadratischen Hof gruppieren. Von besonderem Interesse ist die Verbindung zum Wasser, das zwischen den Piloten ins Erdgeschoß eindringt, wodurch Bootsliegeplätze geschaffen werden. Die durch weiße Steinbänder gegliederten farbigen Fassaden leiten sich her aus der hochkulturellen venezianischen Tradition.

LITERATUR: De Michelis 1986; Polano 1991, S. 228.

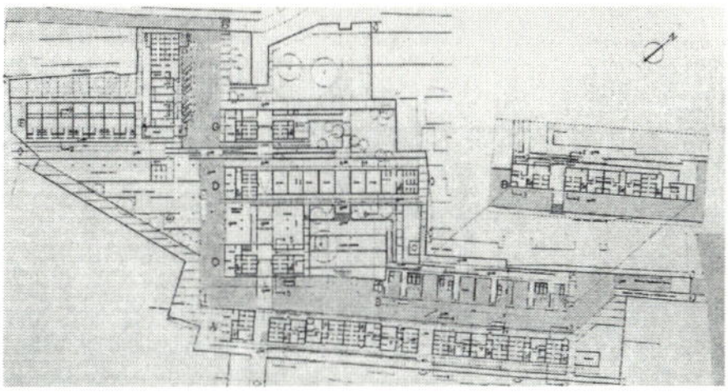

254
Wohnkomplex auf dem Gebiet der ehemaligen Saffa a San Giobbe
1984 - 1989
Vittorio Gregotti und Mitarbeiter
Cannaregio 469ff., Campiello Ca' Pesaro
Anlegestelle Tre Archi

Einen Bezug zur Tradition stellt die einfache Strukturierung der Fassaden allein durch die Altane her. Aber bei diesem Beispiel industrialisierter Bauweise ist die Verbindung kontextueller Natur; in anderen Worten: sie wird bestimmt von der Form und den Eigenschaften der urbanen Räume, deren Ergänzung und Neuschaffung beabsichtigt war.

LITERATUR: Magnani-Val 1985, S. 35ff.; Ranzani 1989.

255
Städtischer Wohnungsbau auf dem Gebiet des ehemaligen Istituto San Marco, Sacca San Girolamo
1987 - 1990
F. Bortoluzzi und Ufficio Urbanistico Comunale
Cannaregio, Fondamenta di Cannaregio
Anlegestelle Tre Archi

Der Baukomplex liegt an der Lagune neben dem Macello a San Giobbe. Vorbilder der Lokaltradition dienten als Inspirationsquellen. Die Kamine in Form auf den Kopf gestellter Kegelstümpfe, die die Außenansicht dominieren, sind Verweise auf eine Binnenstruktur, die auf dem Prinzip der Umbauung geschlossener Höfe basiert.

LITERATUR: Bauwelt 1993.

Glossar

Akroterion
Bekrönendes Element zur Giebelverzierung, zum Beispiel an Tempeln.

Altan
Söller, der bis zum Erdboden unterbaut und mit einer Brüstung versehen ist.

Apsis
Halbrunder (manchmal auch vieleckiger) und mit einer Halbkuppel überwölbter Raum, der einem Hauptraum zugeordnet ist.

Arkade
Bogen oder Bogenreihe, von Stützelementen wie Pfeilern oder Säulen getragen.

Attika
Niedriger Aufbau über dem Hauptgesims eines Bauwerks, meist zum Verdecken des Dachansatzes.

Baldachinaltar
Altar mit dachartigem Überbau.

Balustrade
Ein aus Balustern (Stützen in Form kleiner Säulen) bestehendes Geländer für Balkone, Terrassen oder Treppen.

Basilika
Drei- oder fünfschiffige Kirchenbauform mit erhöhtem Mittelschiff.

Bosse
Nur grob bearbeitete Form eines Werksteins.

Dreipaß
Aus drei durch sogenannte Nasen getrennten Kreisteilen zusammengesetzte Figur des Maßwerks.

Exedra
Im Mittelalter Bezeichnung für die Apsis; später dann Bezeichnung für halbrunde oder eckige Nischen.

Fiale
Zur Bekrönung von Strebepfeilern dienendes Element in Form spitzer, schlanker Türmchen.

Gesims
Horizontales Bauelement, durch das eine Außenwand gegliedert wird.

Hexafore
Sechsteiliges Arkadenfenster.

Ikonostase
Zwischen Altar und Gemeinderaum angebrachte Bilderwand in einer orthodoxen Kirche.

Inkrustation
Verzierung roher Mauerflächen durch farbige und meist aus edlerem Material stammende Einlagen.

Kapitell
Ausladender oberer Abschluß einer Säule oder eines Pfeilers.

Kompositkapitell
Aus verschiedenen Stilen zusammengesetztes Kapitell.

Lisene
Schwach ausgeprägte Mauervorlage (meist ohne Kapitell und Basis), die der Verstärkung und Gliederung dient.

Loggia
Gewölbter Bogengang oder -halle, von Säulen oder Pfeilern gestützt.

Oktogonalbau
Bauwerk mit achteckigem Grundriß.

Okulus
Kleines Rundfenster.

Pendentif
Konstruktion, die die Überleitung von einem mehrecki-

gen Grundriß in die Rundung einer Kuppel ermöglicht (sphärisches Dreieck).

Longitudinalbau
Bauwerk mit dominierender Längsachse.

Peristylium
Von Säulen umgebener Innenhof eines Wohnhauses oder Tempels.

Pilote
Rammpfahl, um Gebäude vom Boden abzuheben.

Polyfore
Mehrteiliges Arkadenfenster.

Portikus
Der Haupteingangsseite vorgebaute Säulenhalle.

Presbyterium
Dem Priester vorbehaltener Teil des Chorraums.

Pronaos
Vorraum einer orthodoxen Kirche oder eines griechischen Tempels.

Serliana
Nach Serliano benannte Form der Wandgliederung, die auf einer komplex ausgestalteten mittleren Arkade beruht.

Tambour
Unterbau einer mit Fenstern versehenen Kuppel, die einen zylindrischen oder mehreckigen Grundriß aufweist.

Trifore
Dreiteiliges Arkadenfenster.

Tympanon
Häufig mit Reliefs verziertes Bogen- oder Giebelfeld eines Portals, einer Tür oder eines Fensters.

Vestibül
Vorhalle.

Volute
Eingerollte Schnecken- oder Spiralform, die als Ornament an Kapitellen, Konsolen oder Giebeln zu finden ist.

Widerlager
Auf Druck und Schub beanspruchtes Auflager eines Gewölbes oder Bogens.

Weiterführende Literatur:

F. Baumgart, *DuMont's kleines Sachlexikon der Architektur,* Köln 1977.
G. Binding, *Architektonische Formenlehre,* Darmstadt 1987.
H. Koepf, *Bildwörterbuch der Architektur,* Stuttgart 1974.

Bibliographie

J. Ackerman, *Palladio*, Stuttgart 1980 (englische Ausgabe 1966 und 1977, italienische Ausgabe 1972).

B. Aikema, D. Meijers, *Nel regno dei poveri. Arte e storia dei grandi ospedali in età moderna 1474-1797*, Venedig 1989.

A. Albertini, *L'architettura*, in: AA.VV., *Palazzo Loredan e l'Istituto veneto di Scienze, Lettere ed Arti*, Venedig 1985.

L. Angelini, *Bartolomeo Bono e Guglielmo d'Alzano. Architetti bergamaschi in Venezia*, Bergamo 1961.

G. C. Argan, *Ignazio Gardella*, Mailand 1959.

E. Arslan, *Venezia gotica. L'architettura civile gotica veneziana*, Mailand 1970.

A. Avon, *Opere pubbliche nel Veneto fascista (1933-38)*, in: G. Zucconi (Hrsg.), *Daniele Calabi. Architetture e progetti 1932-1964*, Ausstellungskatalog, Venedig 1992.

E. Bakos, *Richtig reisen. Venedig*, Köln 1989.

E. Bassi, *Architettura del Sei e Settecento a Venezia*, Neapel 1962.

E. Bassi, *L'Accademia*, in: AA.VV., *Venezia nell'età di Canova, 1780-1830*, Ausstellungskatalog, Venedig 1978.

E. Bassi, *Palazzi di Venezia. Admiranda urbis Venetae*, Venedig 1976.

Bauwelt, Heft 22, Gütersloh, Juni 1993.

S. Bettini, *Aspetti bizantineggianti dell'architettura di Torcello*, in: G. Fiocco, F. Forlati (Hrsg.), *Torcello*, Venedig 1939.

S. Bettini, *L'architettura di S. Marco (origine e significato)*, Padua 1946.

S. Bettini, *Le origini di Venezia*, Florenz 1964.

S. Bettini, *Venezia. Nascita di una città*, Mailand 1978.

S. Biadene, *Catalogo delle opere*, in: S. Biadene, L. Puppi (Hrsg.), *Longhena*, Ausstellungskatalog, Mailand 1982.

S. Biadene, *L'Accademia di Belle Arti*, in: L. Puppi, G. Romanelli, *Le Venezie possibili. Da Palladio a Le Corbusier*, Ausstellungskatalog, Mailand 1985 (a).

S. Biadene, *L'Ala Napoleonica*, in: Puppi, Romanelli, *Le Venezie possibili. Da Palladio a Le Corbusier*, Mailand 1985 (b).

R. Bossaglia, *L'Art déco*, Rom-Bari 1984.

P. Braunstein (Hrsg.), *Venise 1500*, Paris 1993.

M. Brunetti, M. Dazzi, *Il Fondaco nostro dei Tedeschi*, Venedig 1941.

M. Brusatin, *Il giardino della mente: immagine, luogo, non luogo*, in: M. Azzi Visentini (Hrsg.), *Il giardino veneto. Storia e conservazione*, Mailand 1988.

M. Brusatin, *Venezia nel Settecento: stato, architettura, territorio*, Turin 1980.

M. Brusatin, G. Pavanello, *Il Teatro la Fenice. I progetti, l'architettura, le decorazioni*, Venedig 1987.

A. M. Caccin, *La Basilica dei Santi Giovanni e Paolo*, Venedig 1964.

D. Calabi, *Il ghetto e la città*, in: E. Concina, U. Camerino, D. Calabi, *La città degli Ebrei. Il ghetto di Venezia: architettura e urbanistica*, Venedig 1991 (a).

D. Calabi, *Le fabbriche*, in: D. Calabi, P. Morachiello, *Rialto: le fabbriche e il Ponte 1514-1591*, Turin 1987.

D. Calabi, *Magazzini, fondaci, dogane*, in: *Storia di Venezia*, vol. XII, *Il mare*, hrsg. von A. Tenenti, U. Tucci, Rom 1991 (b).

D. Calabi, M. Folin, »Le ultime opere di Daniele Calabi«, in: *Architettura. Cronache e storia*, Heft 150, 1968.

D. Calabi, P. Morachiello, »La questione della ›novitas‹ nella

rifabbrica di San Giovanni Elemosinario a Rialto«, in: *Rassegna*, Heft 22, 1985.
D. Calabi, P. Morachiello, *Rialto 1514-1538, gli anni della ricostruzione*, in: M. Tafuri (Hrsg.), *»Renovatio urbis«. Venezia nell'età di Andrea Gritti (1523-38)*, Rom 1984.
L. Carlevarijs, *Le fabriche, e vedute, di Venezia, disegnate, poste in prospettiva et intagliate, con privilegii*, Venedig 1703.
R. Cevese, *L'opera del Palladio*, in: AA.VV., *Palladio*, Ausstellungskatalog, Mailand 1973.
L. Cicognara, A. Diedo, G.A. Selva, *Le fabbriche più cospicui di Venezia, misurate, illustrate ed intagliate dai membri della Veneta Accademia di belle Arti*, Venedig 1838-1840.
E. Concina, *Fra Oriente e Occidente: gli Zen, un palazzo e il mito di Trebisonda*, in: M. Tafuri (Hrsg.), *»Renovatio urbis«. Venezia nell'età di Andrea Gritti (1523-1538)*, Rom 1984 (a).
E. Concina, *L'Arsenale della Repubblica di Venezia*, Mailand 1984 (b).
E. Concina, *La macchina territoriale. La progettazione della difesa nel Cinquecento veneto*, Rom-Bari 1983.
E. Concina, *Parva Jerusalem*, in: E. Concina, U. Camerino, D. Calabi, *La città degli Ebrei. Il ghetto di Venezia architettura e urbanistica*, Venedig 1991.
E. Concina, *Una fabbrica »in mezzo della città«: la chiesa e il convento di San Salvador*, in: AA.VV., *Progetto San Salvador*, Venedig 1988.
E. Concina, *Venezia nell'età moderna. Struttura e funzioni*, Venedig 1989.
P. A. Croset, »Sul progetto di Valle alla Giudecca«, *Lotus International*, Heft 51, 1986.
M. Cunico, *Il giardino veneziano*, Venedig 1991.

M. da Canal, *Les estoires de Venise, Cronaca veneziana in lingua francese dalle origini al 1275*, Venedig, hrsg. von A. Limentani, Florenz 1972.
F. Dal Co, G. Mazzariol, *Carlo Scarpa 1906-1978*, Mailand 1984.
M. Dalla Costa, *Il restauro dei Tolentini e la nuova sede IUAV*, in: G. Zucconi (Hrsg.), *Daniele Calabi. Architetture e progetti 1932-1964*, Ausstellungskatalog, Venedig 1992 (b).
M. Dalla Costa, *La casa studio al Lido di Venezia*, in: G. Zucconi (Hrsg.), *Daniele Calabi. Architetture e progetti 1932-1964*, Ausstellungskatalog, Venedig 1992 (a).
L. De Carli, M. Zaggia, *Tipologie edilizie e qualità architettonica*, in: E. Barbiani (Hrsg.), *Edilizia popolare a Venezia*, Mailand 1983.
Ph. de Commynes, *Memoires*, Band VII, Paris 1524-1528.
M. De Michelis, »Nuovi progetti alla Giudecca. Tipi, edificazione e morfologia dell'isola«, *Lotus International*, Heft 51, 1986.
O. Demus, *The Church of San Marco in Venice*, Washington D.C. 1960.
»Semerani, Tamaro. Il nuovo ospedale a Venezia«, *Domus* (Redaktionsbeitrag), Heft 688, 1987.

L. Facchinelli, *Il ponte ferroviario in laguna*, Venedig 1987.
G. Fogolari, *I Frari e i Santi Giovanni e Paolo*, Mailand 1931.
V. Fontana, »Camillo Boito e il restauro a Venedig«, *Casabella*, Heft 472, 1981.
F. Forlati, *L'architettura a Torcello*, in: G. Fiocco, F. Forlati (Hrsg.), *Torcello*, Venedig 1939.
A. Foscari, M. Tafuri, *L'armonia e i conflitti. La chiesa di San Francesco della Vigna nella Venezia del '500*, Turin 1983.
U. Franzo, G. Zucconi, *Il restauro dei Tolentini: cronologia di un intervento*, in: G. Zucconi (Hrsg.), *Daniele Calabi. Architetture e progetti 1932-1964*, Ausstellungskatalog, Venedig 1992.
U. Franzoi, *Architettura*, in: U. Franzoi, T. Pignatti, W. Wolters, *Il Palazzo Ducale di Venezia*, Treviso 1990.
U. Franzoi, D. Di Stefano, *Le chiese di Venezia*, Venedig 1976.

D. L. Gardani, »La chiesa di San Giacomo di Rialto«, *Venezia sacra*, Heft 6, 1966.
M. Gemin, F. Pedrocco, *Ca' Vendramin Calergi*, Mailand 1990.
G. Gianighian, P. Pavanini, *Dietro i palazzi. Tre secoli di architettura minore a Venezia 1492-1803*, Ausstellungskatalog, Venedig 1984.
J. W. von Goethe, *Italienische Reise*, Frankfurt 1985.
V. Gregotti, »Megasegno in laguna«, *Domus*, Heft 617, 1981.

D. Howard, *Jacopo Sansovino. Architecture and Patronage in Renaissance Venice*, New Haven und London 1975.
D. Howard, *The Architectural History of Venice*, London 1980.
E. Hubala, *Venedig. Brenta-Villen, Chioggia, Murano, Torcello*, Stuttgart 1974.

R. Krautheimer, *Architettura paleocristiana e bizantina*, Turin 1986 (engl. Ausgabe 1965).

R. Lieberman, *L'Architettura del Rinascimento a Venezia 1450-1540*, Florenz 1982 (englische Ausgabe 1980).
G. Lorenzetti, *Ca' Rezzonico*, Venedig 1936.
G. Lorenzetti, *Venezia e il suo estuario*, Venedig 1963.
G. Lorenzoni, *Venezia medievale, tra Oriente e Occidente*, in: *Storia dell'arte italiana*, Bd. I, *Dal Medioevo al Quattrocento*, Turin 1983.

S. Lunardon, *Le Zitelle*, in: L. Puppi (Hrsg.), *Palladio e Venezia*, Florenz 1981.

C. Magnani, P. A. Val (Hrsg.), »Venezia città del moderno«, *Rassegna*, Heft 22, Monographie, 1985.
C. Mango, *Architettura bizantina*, Mailand 1974.
T. Mangini, *I teatri di Venezia*, Mailand 1974.
A. Maraini, »L'architettura e le arti decorative alla XVI Biennale veneziana«, *Architettura e arti decorative*, II, Heft 2, 1928.
A. F. Marcianò, *Carlo Scarpa*, Bologna 1984.
P. Maretto, *La casa veneziana nella storia della città dalle origini all'Ottocento*, Bd. II, Venedig 1986.
P. Maretto, *Venezia*, Genua 1969.
G. Mariacher, *Il Palazzo Ducale di Venezia*, Florenz 1950.
G. Mariacher, *Palazzo Vendramin-Calergi*, Venedig 1965.
G. Mariacher, T. Pignatti, *La Basilica di S. Marco in Venezia*, Florenz 1950.
E. Martinelli, F. Pedrocco, T. Pignatti, *Palazzo Labia a Venezia*, Turin 1982.
R. Masobello, M. Tarlà, *L'architettura di Palazzo Pisani*, in: AA.VV., *Il conservatorio di musica Benedetto Marcello*, Venedig 1976.
A. Massari, *Giorgio Massari. Architetto veneziano del Settecento*, Venedig 1971.
A. Massari, »Giorgio Massari e la facciata della chiesa della Pietà«, *Ateneo veneto*, Heft 4, 1966.
D. Mazzotta, *I magazzini del sale*, in: F. Mancuso (Hrsg.), *Archeologia industriale nel Veneto*, Mailand 1990 (b).
D. Mazzotta, *Il cotonificio veneziano*, in: F. Mancuso (Hrsg.), *Archeologia industriale nel Veneto*, Mailand 1990 (d).
D. Mazzotta, *Il macello comunale di Venedig*, in: F. Mancuso (Hrsg.), *Archeologia industriale nel Veneto*, Mailand 1990 (a).
D. Mazzotta, *Il Mulino Stucky*, in: F. Mancuso (Hrsg.), *Archeologia industriale nel Veneto*, Mailand 1990 (e).
D. Mazzotta, *La birreria alla Giudecca*, in: F. Mancuso (Hrsg.), *Archeologia industriale nel Veneto*, Mailand 1990 (f).
D. Mazzotta, *La manifattura tabacchi*, in: F. Mancuso (Hrsg.), *Archeologia industriale nel Veneto*, Mailand 1990 (c).
J. Mc Andrew, *L'architettura veneziana del primo Rinascimento*, Venedig 1983 (englische Ausgabe 1980).
P. Morachiello, *Il Ponte*, in: D. Calabi, P. Morachiello, *Rialto: le fabbriche e il Ponte 1514-1591*, Turin 1987.
M. Morresi, *Casa alle Zattere*, in: F. Buzzi Ceriani (Hrsg.), *Ignazio Gardella. Progetti e architetture 1933-1990*, Ausstellungskatalog, Venedig 1992.
M. Mulazzani, *I padiglioni della Biennale. Venezia 1887-1988*, Mailand 1988.
M. Muraro, »Il tempio votivo di Santa Maria della Salute in un poema del Seicento«, *Ateneo veneto*, XI, 1973.
M. Muraro, *Nuova guida di Venezia e delle sue isole*, Florenz 1953.
M. Muraro, *Palazzo Contarini a San Beneto*, Venedig 1970.
P. Murray, *Die Architektur der Renaissance in Italien*, Stuttgart 1981 (ital. Ausgabe 1969).

U. Nebbia, »Autorimessa a Venezia«, *Casa bella*, Heft 83, 1934.
M. Nicoletti, *L'architettura liberty in Italia*, Rom-Bari 1978.
A. Niero, *La chiesa dei Carmini*, Venedig 1965.

G. Pavanello, G. Romanelli, *Venedig nell'Ottocento. Immagini e mito*, Ausstellungskatalog, Mailand 1983.
R. Pellegriti, »La chiesa dell'ospedale di San Lazzaro dei Mendicanti«, *Arte veneta*, Heft Nr. XLIII, 1989 / 90.
T. Pignatti (Hrsg.), *Le scuole di Venezia*, Mailand 1981.
G. M. Pilo, *La chiesa dello »spedaletto« in Venezia*, Venedig 1985.
R. Polacco, *La cattedrale di Torcello*, Treviso 1984.
S. Polano, *Guida all'architettura italiana del Novecento*, Venedig 1991.
L. Puppi, *Andrea Palladio*, 2 vol., Mailand 1973.
L. Puppi, *Michele Sanmicheli architetto di Verona*, Padua 1971.
L. Puppi, L. Olivato, *Mauro Codussi e l'architettura veneziana del primo Rinascimento*, Mailand 1977.

E. Ranzani, »Gregotti Associati. Quartiere residenziale area ex-Saffa, Venezia«, *Domus*, Heft 704, 1989.
G. Romanelli, »Architetti e architetture a Venezia tra Otto e Novecento«, *Antichità viva*, Heft 5, 1972.
G. Romanelli, »Nuova edilizia veneziana all'inizio del XX secolo«, *Rassegna*, Heft 22, 1985 (a).
G. Romanelli, *Il segno secessionista di Giuseppe Torres*, in: L. Puppi, G. Romanelli, *Le Venezie possibili. Da Palladio a Le Corbusier*, Ausstellungskatalog, Mailand 1985 (b).
G. Romanelli, *La città: architettura e servizi*, in: AA.VV., *Venezia nell'età di Canova, 1780-1830*, Ausstellungskatalog, Venedig 1978 (a).
G. Romanelli, *Lido: gli anni del »Modernismo«*, in: L. Puppi, G. Romanelli, *Le Venezie possibili. Da Palladio a Le Corbusier*, Ausstellungskatalog, Mailand 1985.
G. Romanelli, *Tra gotico e neogotico. Palazzo Cavalli Franchetti a San Vidal*, Venedig 1990.
G. Romanelli, *Urbanistica e architettura negli anni napoleonici dagli interventi all'insegna-*

mento accademico, in: AA.VV., *Venezia nell'età di Canova, 1780-1830,* Ausstellungskatalog, Venedig 1978 (b).
G. Romanelli, *Venezia Ottocento,* Rom 1977.
G. Romanelli, *Venezia Ottocento. L'architettura, l'urbanistica,* Venedig 1988.
G. Romanelli, G. Pavanello, *Palazzo Grassi. Storia, architettura, decorazioni dell'ultimo palazzo veneziano,* Venedig 1986.

M. A. Sabellico, *Del sito di Venezia città,* Venedig 1502 (1985).
F. Sansovino, *Venetia, città nobilissima et singolare,* Venedig 1663 (1968).
A. Sartori, *Guida storico-artistica della Basilica di S. Maria Gloriosa dei Frari,* Padua 1949.
C. Semenzato, *L'architettura di Baldassare Longhena,* Padua 1954.
C. Semenzato, »Pietro e Tullio Lombardo architetti«, *Bollettino C. I. S. A.,* Heft VI, 1964.
P. Somma (Hrsg.), *Venezia nuova. La politica della casa 1893-1941,* Venedig 1983.

M. Tafuri, *Jacopo Sansovino e l'architettura del '500 a Venezia,* Padua 1969.
M. Tafuri, *»Sapienza di stato« e »atti mancati«: architettura e tecnica urbana nella Venezia del '500,* in: L. Puppi (Hrsg.), *Architettura e utopia nella Venezia del Cinquecento,* Ausstellungskatalog, Mailand 1980.
M. Tafuri, *Ricerca del Rinascimento. Principi, città, architetti,* Turin 1982.
M. Tafuri, *Venezia il Rinascimento,* Turin 1985.
H. Taine, *Voyage en Italie,* Paris 1865.
S. Tramontin, *S. Maria Mater Domini,* Venedig 1962.
S. Tramontin, *S. Stae, la chiesa e la parrocchia,* Venedig 1961.
»La nuova stazione all'areoporto di Venezia«, *Le Tre Venezie,* Redaktionsbeitrag vom Juli 1935.
E. Trincanato, *Il Palazzo Ducale,* in: AA.VV., *Piazza San Marco. L'architettura, la storia, le funzioni,* Padua 1970.
E. Trincanato, *Venezia minore,* Mailand 1948.

M. Vecchi, *Santa Fosca, origini prebizantine,* in: AA.VV., *Torcello. Ricerche, contributi,* Rom 1979.
A. Visentini, *Prospectus Magni Canalis Venetiarum,* Venedig 1735 (Mailand, 1987).
G. Vio, »I ›mistri‹ della chiesa di San Fantin in Venezia«, *Arte veneta,* XXI, 1977.
G. Vio, »Nella cerchia del Longhena«, *Arte veneta,* XL, 1986.

G. Wachmeier, *Venedig,* Zürich 1976.
R. Wittkower, *Le chiese di Andrea Palladio e l'architettura barocca veneta,* in: V. Branca (Hrsg.), *Barocco europeo e barocco veneziano,* Venedig 1962.
R. Wittkower, *Grundlagen der Architektur im Zeitalter des Humanismus,* München 1990 (englische Ausgabe 1964).

F. Zava Boccazzi, *La Basilica dei Santi Giovanni e Paolo,* Venedig 1965.
A. Zorzi, P. Marton, *I palazzi veneziani,* Udine 1989.
G. G. Zorzi, *Le chiese e i ponti di Andrea Palladio,* Vicenza 1966.

Orts- und Gebäuderegister

Die kursiv gesetzten Ziffern verweisen auf Abbildungsnummern.

Namenregister

Photonachweis

Alle Ziffern beziehen sich auf die Abbildungsnummern; kursive Ziffern verweisen auf Abbildungen in der Einführung.

Archivio Fotografico Arsenale Editrice, Venedig *1, 9, 10,* 1, 12, 14, 15, 25, 35, 48, 49, 58-60, 63, 64, 74, 80, 85, 90, 93-98, 107, 111, 112, 115, 117, 121, 123, 125, 127, 132, 148-150, 153-155, 166, 167, 174, 178, 182, 186, 187, 191, 194, 209, 229, 254, 240
Archivio Fotografico Osvaldo Böhm, Venedig 3-5, 7, 9, 10, 20-23, 26, 27, 31-34, 36, 40, 42, 44, 45, 47, 51-53, 55, 57, 61, 62, 65, 66, 68, 70, 71, 78, 79, 81, 86-89, 92, 99, 101, 103, 105, 106, 114, 116, 118, 120, 126, 129, 131, 133, 135, 137, 138, 140, 142, 146, 151, 156-159, 160, 163-165, 169, 170, 172, 173, 175-177, 181, 184, 185, 188, 192, 193, 196, 198-207, 210-213, 218, 220, 224
ASAC, Archivio Storico delle Arti Contemporanee della Biennale di Venezia 219, 239
Donatella Calabi 236, 246
Cameraphoto, Venedig *11*
Michele Crosera, Venedig 2, 6, 8, 11, 13, 16-19, 24, 28-30, 37-39, 41, 43, 46, 50, 54, 56, 67, 69, 72, 73, 75-77, 82-84, 91, 100, 102, 104, 108-110, 113, 119, 122, 124, 128, 130, 134, 136, 139, 141, 143-145, 147, 152, 161, 162, 168, 171, 179, 180, 183, 189, 190, 195, 197, 208, 214-217, 221-223, 225-228, 230-235, 237, 238, 241-245, 247-252
Diateca del Dipartimento di Storia dell'Architettura dello IUAV, Venedig *2-4, 6-8, 12-15*
Edilvenezia 255
Museo Correr, Venedig *5*
Studio Valeriano Pastor 253